NOBRES & ANJOS

Um estudo de tóxicos e hierarquia

GILBERTO VELHO

NOBRES & ANJOS

Um estudo de tóxicos e hierarquia

FUNDAÇÃO GETULIO VARGAS
EDITORA

Direitos desta edição reservados à
EDITORA FUNDAÇÃO GETULIO VARGAS
Praia de Botafogo, 190 — 6º andar
22253-900 — Rio de Janeiro — Brasil
Tel.: (021) 536-9110 — Fax: (021) 536-9155
e-mail: editora@fgv.br
http://www.fgv.br/fgv/publicao/livros.htm

Impresso no Brasil / *Printed in Brazil*

1ª edição — 1998

Editoração Eletrônica: Denilza da Silva Oliveira e Simone Ranna
Revisão: Francisco Edmilson Mendes Carneiro e Mauro Pinto de Faria
Produção Gráfica: Helio Lourenço Netto

Capa: Inventum Design e Soluções Gráficas

Ficha catalográfica elaborada pela Biblioteca
Mario Henrique Simonsen/FGV

Velho, Gilberto.

Nobres & anjos: um estudo de tóxicos e hierarquia / Gilberto Velho — Rio de Janeiro: Editora Fundação Getulio Vargas, 1998.

216p.

Inclui bibliografia.

1. Drogas — Abuso — Aspectos sociais — Rio de Janeiro (RJ). 2. Drogas e juventude — Rio de Janeiro (RJ). I. Editora Fundação Getulio Vargas. II. Título.

CDD — 301.21

Sumário

Prefácio

Este livro, *Nobres & anjos*, foi originariamente uma tese de doutoramento defendida na USP em dezembro de 1975, perante banca constituída pelos professores doutores Ruth Cardoso, orientadora, Eunice Durhan, Juarez Brandão Lopes, Peter Fry e Mario Bick.

A decisão de não publicá-la na época, apesar dos estímulos, recomendações e convites, deveu-se a uma avaliação de que essa iniciativa poderia colocar em risco não só a privacidade, como mesmo a segurança dos grupos investigados, além do próprio autor. Vivíamos um período de arbítrio e repressão, em pleno regime militar, difícil de avaliar hoje em dia. Embora o trabalho não revelasse a identidade dos indivíduos pesquisados, considerou-se que não se poderia excluir a possibilidade dessa identificação por pessoas ou agências movidas por razões que poderiam passar pela mera curiosidade até por propósitos policialescos. Por outro lado, somou-se à preocupação genérica com a privacidade uma questão de interesse específico para quem trabalha com o mais próximo, que é o receio de ferir suscetibilidades e o amor próprio do universo investigado. Embora isso possa ocorrer em relação a qualquer grupo, tende a ficar mais evidente no estudo da própria sociedade e, particularmente, do meio do investigador, com o qual este mantém laços de diferentes naturezas.

Com o fim do regime militar e com a progressiva redemocratização da sociedade brasileira, passei a reconsiderar a publicação deste trabalho. Por outro lado, os indivíduos dos grupos pesquisados já tinham uma considerável trajetória acrescida ao que observei e analisei nos anos 70. Mudanças, transformações de todos os tipos ocorreram no universo pesquisado nesse intervalo de 22 anos. Mortes, separações, viagens, nascimentos de filhos e até de netos, são alguns marcos da passagem do tempo.

Nesse período, várias pessoas leram *Nobres & anjos*, com ou sem minha autorização. Fizeram-se cópias que circularam, sobretudo, no meio acadêmico. A tese podia ser consultada tanto na USP quanto no Museu Nacional. Eu próprio indiquei sua leitura para alunos e profissionais interessados no tema. Algumas editoras regularmente demonstravam interesse pela sua publicação. Passei alguns anos sem relê-la na íntegra. Finalmente, instado por amigos, tirei-a da estante e fiz releitura atenta, chegando à conclusão de que valia a pena publicá-la sem alterar o texto original, mantendo o tom e as preocupações da época.[1] Faço isso convencido de que, além do possível interesse pelos anos 70, os leitores poderão aqui encontrar reflexões que não perderam a atualidade. Talvez com alguma imodéstia, vejo em *Nobres & anjos* um papel pioneiro nos estudos antropológicos do meio urbano e da sociedade contemporânea, justificando, por isso também, sua tardia publicação.

A questão do uso de drogas, tão atual, é aqui tratada como parte de um estilo de vida e visão de mundo, num esforço de não reificá-la, procurando compreendê-la num contexto sociocultural. Tenho a impressão de que esse esforço ainda é meritório e que esse tipo de preocupação poderia estar mais presente quando se discute a problemática das drogas, por mais que esta tenha-se modificado em certas dimensões nestas mais de duas décadas.

Espero que a leitura de *Nobres & anjos*, além de um interesse acadêmico, possa ajudar a refletir sobre políticas públicas

[1] As principais alterações que fiz foram a atualização da bibliografia, no caso de trabalhos inéditos que depois foram publicados, e a atualização dos valores monetários.

específicas e sobre questões ético-políticas mais amplas, como liberdade e responsabilidade individuais, cidadania e democracia.

***

Agradeço a meus colegas, alunos e ex-alunos, que sempre valorizaram este trabalho.

Agradeço a Ruth Cardoso, minha orientadora de tese e amiga, que estimulou sua publicação.

Agradeço a Tânia Lúcia Ferreira da Silva, que digitou o trabalho datilografado pela srta. Ana Maria Ramos em 1975.

Agradeço, especialmente, a colaboração e o apoio de minha aluna, assistente e amiga, Karina Kuschnir, que me ajudou de modo decisivo nessa etapa final de preparação de *Nobres & anjos*.

Apresentação

Esta dissertação é o resultado de trabalhos de pesquisa cujas raízes posso localizar ainda no curso de graduação. Desde aquela época, preocupava-me em aprofundar meu conhecimento sobre as camadas médias brasileiras, percebendo-as como área de estudo importante e, até certo ponto, desprezada. Já na pós-graduação, tendo optado por dirigir meus esforços para a área urbana, decidi realizar minha pesquisa e dissertação de mestrado tendo por objeto um segmento dessas camadas médias — o *white-collar* copacabanense. Foi apenas uma introdução à enorme complexidade dos grupos e subgrupos de "classe média" que convivem e interagem no Rio de Janeiro, especificamente na Zona Sul. Ao mesmo tempo, e reforçado por um ano de estadia na Universidade do Texas, nos Estados Unidos, fui também levado a cada vez mais considerar como relevantes os problemas ligados à teoria do desvio em ciências sociais. Foi assim, portanto, que cheguei ao tema desta dissertação de doutoramento — desvio e camadas médias. Continuei tendo como local de pesquisa a Zona Sul do Rio de Janeiro. Pretendo, com isso, contribuir de alguma forma para a complexificação da visão que se tem de parcelas significativas da sociedade brasileira. Parece-me que, se existe alguma originalidade neste trabalho, estará ligada principalmente à utilização de métodos da tradição antropológica no desvendamento de problemas e grupos sociais até hoje, pelo menos em termos brasileiros, não estudados sob esse enfoque.

Gostaria de agradecer a muitas pessoas e instituições que de várias maneiras me apoiaram nos últimos anos. Sou obrigado, no entanto, para não me alongar demais, a, com alguma arbitrariedade, sacrificar parte da lista.

Meus agradecimentos especiais à professora Ruth Corrêa Leite Cardoso, minha orientadora, não só pelas relevantes sugestões, mas principalmente pelo apoio e amizade.

Expresso minha gratidão aos colegas e alunos do Departamento de Antropologia do Museu Nacional da UFRJ na pessoa de meu amigo Roberto da Matta, companheiro de intermináveis e frutíferas discussões nos últimos anos.

Parte do trabalho em que se baseia esta dissertação não teria sido possível sem a colaboração interessada e estimulante de meu assistente de pesquisa Eduardo Batalha Viveiros de Castro.

Minha atividade de pesquisador nos últimos cinco anos deve muito ao apoio da Fundação Ford e do Conselho Nacional de Pesquisas (CNPq). Por outro lado, cabe ressaltar as condições favoráveis à produção intelectual existentes no Museu Nacional da UFRJ, lugar de tranqüilidade e dedicação à ciência.

***

Meus agradecimentos ao pessoal docente e administrativo da USP pela simpatia, boa vontade e estímulo.

Agradeço a meus pais pela curiosidade e afeto com que acompanham os estranhos interesses do filho.

Finalmente agradeço a Yvonne pelo incentivo e apoio.

Introdução

O objetivo deste trabalho é procurar ampliar o conhecimento de que dispomos sobre as camadas médias urbanas brasileiras. O estudo está centrado sobre grupos de habitantes da Zona Sul da cidade do Rio de Janeiro. O ponto de partida para a seleção do universo pesquisado foi a utilização regular de tóxicos. Parti, assim, da própria visão de mundo desses grupos, que classifica as pessoas em função de sua relação com os tóxicos. Essa classificação será objeto importante dentro do meu trabalho. Como será demonstrado, pode ser muito complexa e elaborada. Por outro lado, os órgãos de comunicação de massa, as declarações de entidades oficiais marcam intensamente, de forma diferenciadora, as pessoas que consomem tóxicos, utilizando, por exemplo, a categoria *viciado*. Dessa forma parece que, tanto por parte dos acusados como por parte dos acusadores, o tóxico marca fronteiras de forma nítida, embora segundo escalas de valores não só diferentes como, em certas situações, altamente conflitantes. No entanto, a utilização de tóxicos foi, para mim, apenas um ponto de partida para tentar fazer uma análise sistemática de certos estilos de vida e visões de mundo que estariam associados a esse comportamento considerado, em princípio, pela sociedade abrangente, como transgressor, anormal etc.

O fato de estar lidando com um universo que é definido inicialmente por uma atividade não só malvista por vários setores sociais, mas definida como ilegal e mesmo criminosa, estando sujeita a perseguição policial e a sanções legais, traz uma série de problemas particulares para o trabalho de pesquisa. Vivi diferentes tipos de situação, desde momentos em que as pessoas demonstravam grande desconfiança e resistência com a minha presença até momentos de grande descontração e espontaneidade. Essas diferenças serão comentadas no decorrer do trabalho. Por outro lado, foi uma preocupação constante não só o sentimento, comum entre pesquisadores, de estar invadindo a intimidade alheia, mas de poder, de alguma forma, ameaçar a sua segurança. Preocupei-me sempre em proteger, o máximo possível, a identidade das pessoas, embora esteja consciente de que, às vezes, isso possa ser feito com imperfeição. O meu consolo ou racionalização é supor que eu esteja contribuindo para uma visão menos preconceituosa e discriminatória de seu modo de vida.

Assim, existe uma dimensão política importante nessa problemática. Trata-se de um grupo de pessoas que está sujeito, no seu cotidiano, a uma série de ameaças e insegurança. Vivem na permanente possibilidade de serem descobertos, acusados e estigmatizados. Ou seja, existem agências sociais, autoridades ou cidadãos comuns que podem interferir no seu modo de vida, impondo padrões e utilizando a coerção para impedi-los de fazer coisas que julgam boas, desejáveis etc. Dessa forma passa a haver em suas vidas o problema da *clandestinidade*. Com maior ou menor intensidade, esses grupos são obrigados a desenvolver estratégias mais ou menos complicadas para obter os tóxicos e consumi-los. Desenvolvem complexos sistemas de reconhecimento para garantir alguma segurança. Dá-se uma certa esoterização do comportamento, com o desenvolvimento de vocabulário bastante especializado e em constante e rápida evolução. Sinais visuais de identificação, roupas de determinado tipo, expressão corporal etc., tudo isso ajuda a compor um mapa de classificação das pessoas e lugares, permitindo uma certa flexibilidade de reações e comportamento.

Embora exista uma grande diferenciação entre as pessoas e os grupos que utilizam regularmente tóxicos, há essa forte característica comum — o caráter ilegal dessa utilização. Nesse sentido, estão todos infringindo regularmente a lei, assumindo as características de indivíduos e grupos desviantes. Segundo Howard S. Becker (1963: 8-9),[2] o comportamento desviante deve ser entendido como um processo em que

> "(...) os grupos sociais criam o desvio ao estabelecer as regras cuja infração constitui desvio e ao aplicá-las a pessoas particulares, marcando-as como *outsiders*. Sob tal ponto de vista, o desvio não é uma qualidade do ato que a pessoa faz, mas sim a conseqüência da aplicação por outrem de regras e sanções ao 'transgressor'. O desviante é aquele a quem tal marca foi aplicada com sucesso, o comportamento desviante é o comportamento assim definido por pessoas concretas."

Verifica-se a existência de uma relação de poder clara, em que certos grupos impõem certas regras a outros. Estas são legitimadas na nossa sociedade por um sistema jurídico. Embora nem todas as regras existentes traduzam-se em leis, no caso examinado isso se dá. Dessa forma, a proibição do uso de tóxicos é implementada pelo Estado através de seus órgãos e representantes. Portanto o discurso e as escalas de valores do universo pesquisado não são legitimados em aspectos cruciais, constituindo, de certa forma, uma categoria oprimida, na medida em que esse não dispõe de meios para garantir o livre exercício de sua concepção de mundo.

Esse universo, no entanto, está longe de ser homogêneo ou monolítico, e é problemática a afirmativa da existência de um sentimento de solidariedade entre as pessoas que usam tóxicos. As diferenças internas, em termos do tipo de tóxico utilizado, faixa etária, características de estrato social, vão marcar, em muitas situações, fronteiras bastante nítidas. É por isso que falo em *estilos de vida* e quero enfatizar a necessidade de perceber esse universo como altamente diversificado. Portanto, a uti-

2 Este e os demais textos citados em inglês foram traduzidos pelo autor.

lização de tóxicos não vai criar uma categoria única, mas sim uma constelação de grupos que têm em comum uma atividade clandestina e ilegal.

Dessa forma, este trabalho não pretende dar conta de todo o universo das pessoas que consomem tóxicos no Rio de Janeiro, nem sequer de todos os jovens de camadas médias. Focalizo dois grupos que apresentam, além do uso comum de tóxicos, fortes características diferenciadoras. O estabelecimento dos limites desses grupos é bastante problemático na medida em que não são grupos corporativos ou étnicos, não são baseados, propriamente, em vizinhança, embora todos os seus membros residam na Zona Sul da cidade, e, fundamentalmente, não têm exclusividade sobre os seus participantes, que desenvolvem uma série de atividades em outros domínios, com outras pessoas. Tudo isso será examinado com mais detalhes ao ser apresentada a etnografia dos grupos. Quero relativizar inclusive o próprio conceito de *grupo* nesse contexto. Mas é importante notar que nos dois casos aparece uma consciência mais ou menos nítida da existência de um *grupo*. Um dos meus objetivos é, justamente, procurar perceber quais os critérios que vigoram para o estabelecimento dessas fronteiras e como podem ser manipulados em termos de identidade. De alguma forma, as pessoas enfatizam determinados símbolos que permitem a sua diferenciação do resto da sociedade. A diferenciação no nível da linguagem com o desenvolvimento de vocabulário e expressões próprias e a elaboração de um código visual de gestos, vestuário etc., bastante complexo, corresponde à criação de um "campo de comunicação e interação" (Narrol, 1964 e Barth, 1970) que seria um dos elementos definidos do grupo. Assim teríamos, *grosso modo*, uma escala de valores comum, uma certa consciência de identidade, nascida inclusive da própria acusação de desvio, e um sistema de comunicação até certo ponto próprio. Parece-me problemático caracterizar esses grupos como constituindo uma subcultura ou subculturas, devido a uma série de implicações teóricas. Segundo J. Milton Yinger (1960) esse conceito "é freqüentemente usado para assimilar sistemas normativos de grupos menores do que uma sociedade, para enfatizar os modos como esses grupos diferem em coisas como língua, valores, religião, dieta e estilo de vida da sociedade maior de que são parte. Talvez a referência mais comum nesse tipo de uso seja um enclave étnico (franco-canadenses no Maine) ou uma região (a subcultura do sul dos Estados Unidos), mas as normas específicas de grupos bem menores e mais temporários (mesmo um grupo de amizade particular) podem ser descritas como uma subcultura."

Mas o mesmo autor fala também de contracultura

"quando a referência é quanto a normas que surgem, especificamente, de uma situação de frustração ou conflito entre um grupo e a sociedade maior (...) Leva a uma posição de proeminência de um tipo particular de vínculo entre normas e personalidade: a criação de um sentido de valores opostos ou contravalores (opostos àqueles da sociedade envolvente) em face de sérias frustrações ou conflitos. Para chamar a atenção para os aspectos especiais desse tipo de sistemas normativos, sugiro o termo contracultura (...) sempre que um sistema normativo de um grupo contenha, como elemento básico, um tema de conflito com os valores da sociedade total. Quando variáveis de personalidade estão diretamente envolvidas no desenvolvimento e manutenção dos valores de um grupo, e quando suas normas só podem ser compreendidas a partir das relações do grupo com a sociedade envolvente."

Não há dúvida de que no caso estudado, como já foi visto, existe um "tema de conflito", se não com os valores da sociedade global, necessariamente, mas pelo menos com os valores oficiais dominantes. O conceito, no entanto, já é problemático na medida em que parte do princípio de que existe uma homogeneidade na "cultura envolvente". Ora, como já procurei mostrar em outras ocasiões (Velho, 1974a e 1974b), a pressuposição dessa homogeneidade pode ter graves conseqüências para o estudo do chamado "comportamento desviante":

> "Assim é que com o conceito de *cultura* menos rígido, pode-se verificar que não é que o 'inadaptado' veja o mundo 'essencialmente sem significado', mas sim que veja nele um significado *diferente* do que é captado pelos indivíduos 'ajustados'. O indivíduo, então, não é necessariamente, em termos psicológicos, um 'deslocado' e a cultura não é tão 'esmagadora' como possa parecer para certos estudiosos. Assim a leitura diferente de um código sociocultural não indica apenas a existência de 'desvios', mas sobretudo o caráter multifacetado, dinâmico e, muitas vezes, ambíguo da vida cultural. O pressuposto de um monolitismo de um meio sociocultural leva, inevitavelmente, ao conceito de 'inadaptado', de 'desviante' etc. A cultura não é, em nenhum momento, uma entidade acabada mas sim uma *linguagem* permanentemente acionada e modificada por pessoas que não só desempenham 'papéis' específicos, mas que têm experiências existenciais particulares." (1974a).

Parece-me que o conceito de subcultura ou de contracultura está vinculado a essa perspectiva muito preocupada em traçar limites rígidos entre o normal e o anormal, o ajustado e o desviante, o típico e o atípico. Há uma tentativa de congelar ou cristalizar certos comportamentos em torno de variáveis específicas, estabelecendo fronteiras absolutas. Não se trata de negar a existência de descontinuidades, mas de percebê-las dinamicamente. O conceito de subcultura, ao enfatizar as diferenças dentro de uma sociedade, corre o risco de não perceber como se dá a comunicação material e simbólica entre os grupos que, mesmo tendo "campos de comunicação e interação" com um certo grau de especificidade, partilham símbolos e valores comuns, interagindo, trocando elementos num processo dinâmico ininterrupto. Por outro lado, tende a aceitar mecanicamente as representações que os grupos podem fazer de si mesmos ou a respeito de outros grupos, em que estereótipos e preconceitos têm importância óbvia.

Um dos objetivos centrais de meu trabalho é, portanto, verificar até que ponto o uso de tóxicos estabelece fronteiras significativas dentro da sociedade estudada, a que visões de mundo e estilos de vida está associado. Mas, por outro lado, preocupo-me em analisar as relações entre os grupos diretamente estudados e outros grupos com que convivem, coexistem ou entram em conflito.

CAPÍTULO 1

Grupo 1: mudança e ansiedade

Esse grupo é composto de pessoas de diferentes atividades e ocupações, sendo, no entanto, possível encontrar certas constantes. A grande maioria fez curso superior, embora apenas alguns exerçam a profissão para a qual se prepararam. Admitindo ser problemático precisar as fronteiras do grupo, através de entrevistas e observação, cheguei a definir como participantes mais regulares 25 indivíduos. Estes seriam os que aparecem com maior freqüência tanto no depoimento do universo como nas situações que tive oportunidade de observar diretamente. É evidente que existe um certo grau de arbitrariedade nessa demarcação, mas prefiro o risco de acompanhar, basicamente, as informações das pessoas entrevistadas, procurando simplesmente conferi-las através do registro sistemático dos participantes em todas as situações e momentos do meu trabalho de observação. Ainda arbitrariamente selecionei cinco situações que me pareceram importantes para a compreensão desse grupo e verifiquei quem estava presente nessas ocasiões. São dois passeios de fim de semana, duas festas e um programa de praia num sábado de verão. No primeiro passeio, uma estadia de três dias no sítio da família de um desses indivíduos, 13 das 25 pessoas estavam presentes. No segundo fim de semana, seis meses depois, no mesmo lugar, 12 estavam presentes, sendo que oito tinham participado do primeiro passeio. Nas duas festas encontrei os seguintes números: na primeira, num total de trinta e poucas pessoas, estavam presentes 22 das 25 inicialmente definidas; na segunda, numa festa de mais de 70 participantes, todos os 25 compareceram. Ambas as festas realizaram-se em casas de pessoas do grupo. No programa de praia, entre as 12 e 16h de um sábado de verão, estiveram no mesmo ponto, entre idas e vindas, 18 membros do grupo, sendo que outro estava doente e mais dois estavam viajando no exterior. Nos passeios de fim de semana, todas as pessoas presentes faziam parte dos 25, sendo que nas festas, como será examinado, a última leva de pessoas a sair, cerca de meia dúzia na primeira e uma dúzia na segunda, eram membros do grupo. Isso será visto, com detalhes, quando fizer a etnografia desses encontros mais adiante.

O período em que observei mais sistematicamente esse grupo vai, *grosso modo*, de meados de 1972 a meados de 1974, cerca de dois anos portanto. Muitos fatos importantes para a sua compreensão ocorreram antes, e como continuo, de certa forma, acompanhando a vida de alguns de seus membros, tenho conhecimento de acontecimentos significativos que ocorreram depois desse período. Assim, em alguns momentos, me reporto a fatos que estão fora desse tempo de dois anos.

Como já disse, há uma variedade de ocupações. Vinte têm curso superior completo, uma é estudante universitária, dois chegaram a freqüentar a universidade, e apenas dois têm só o curso secundário, em termos de escolaridade, tendo no entanto participado de cursos de cinema, teatro etc. Assim fica claro que, quanto ao nível educacional, trata-se de um grupo bastante privilegiado em termos brasileiros. No entanto, boa parte dessas pessoas não exerce a profissão. Há um advogado que nunca trabalhou como tal, sendo cineasta; um economista que faz fotografia; um engenheiro que é artista plástico, tendo largado sua profissão com dois anos de formado; um sociólogo que nunca teve um emprego regular nessa atividade, dedicando-se sempre ao cinema etc. Várias das mulheres, formadas em letras, psicologia etc., não trabalham regularmente, podendo ter atividades ocasionais como traduções, aulas particulares, etc. Além dessas ocupações, há arquitetos, jornalistas, professores universitários, compositores, diplomatas etc. Alguns foram colegas de universidade, não necessariamente do mesmo curso, e vários estudaram na mesma escola secundária. Dessa forma, há amigos e conhecidos de mais de 10 anos, sendo que alguns são filhos de famílias que mantêm relações entre si há 30, 40 ou até 50 anos. Pode-se constatar a existência de várias relações de parentesco no grupo. Há irmãos, cunhados, concunhados e primos. Entre os 25 existem, ao todo, nove irmãos, dois primos e 15 cunhados e concunhados. É óbvio que uma pessoa é irmã de outra, sendo cunhada de uma terceira e concunhada de uma quarta, podendo ter diversos tipos de laços de parentesco dentro do grupo. São 12 casais, sendo que o elemento que sobra na contagem é o novo marido de uma mulher do grupo que se separou no decorrer desse período de dois anos. O primeiro marido continuou membro do grupo e o segundo foi incorporado. O primeiro passou a trazer namoradas ou novas mulheres para o convívio dos amigos, mas não estabilizou sua relação com nenhuma delas, não chegando a incorporá-las. No período da investigação, quatro casais se desfizeram, não havendo um padrão único de relacionamento posterior com o grupo. Enquanto, no caso já visto, ambos os membros continuaram a participar regularmente da vida grupal, em dois outros casais as mulheres se afastaram, e no quarto ambos os membros diminuíram muito seus contatos com o resto do grupo, embora sempre tenham sido mantidas relações com determinados indivíduos, não havendo nunca um rompimento total. É preciso lembrar que grande parte das pessoas estava ligada por relações de consangüinidade. Assim, no caso do primeiro casal desfeito, ambos os esposos tinham irmãos no grupo, fazendo com que permanecessem fortes vínculos. É interessante constatar que, nos outros casos, o elemento que se afasta, quando é o caso, é a mulher. Isso será examinado mais adiante. De qualquer forma, fica já evidente a importância do parentesco para a formação e continuidade desse grupo.

De uma maneira geral, pode-se dizer que essas pessoas estão incluídas no que se costuma chamar de roda intelectual-artística-boêmia do Rio de Janeiro. Alguns têm seu nome citado com certa regularidade na imprensa, através de participação em atividades artísticas, prêmios por seus trabalhos e presença em festas registradas nas colunas sociais. Outros, no entanto, são pessoas menos notórias, participando desses acontecimentos, porém, num segundo plano, mais modesto. Embora certos membros do grupo sejam considerados indivíduos "de sucesso", pode-se dizer que a maioria ainda se enquadra na categoria de "jovens promissores" ou "de muito futuro". Os artistas, nesse período, estavam preparando ou fazendo suas primeiras exposições; os cineastas, já tendo feito certos curta-metragens de maior ou menor sucesso, preparavam-se para o seu primeiro longa; os literatos planejavam a publicação do primeiro livro, já tendo, de um modo geral, contos ou poesias divulgados em algum jornal ou revista etc. As pessoas de profissões mais técnicas poderiam estar deslanchando uma "carreira promissora", terminando cursos de pós-graduação ou especialização, já se estabilizando em empregos mais ou menos rendosos. Aliás, essa situação fornecia importante variável diferenciadora dentro do grupo: a situação financeira de seus membros. Embora, de um modo geral, as famílias de origem apresentassem uma certa homogeneidade em termos de disponibilidade financeira, o tipo de atividade exercida pelas pessoas do grupo determinava uma certa disparidade. Havia uma grande homogeneidade em relação aos bens e atividades valorizados, mas as possibilidades de obtê-los ou realizá-las a qualquer momento variavam muito. Por exemplo, um programa habitual era jantar fora no domingo em restaurantes mais caros. A possibilidade de participar dessa atividade variava muito. Enquanto os profissionais mais "técnicos", como engenheiros, economistas, pessoas que recebiam salários regularmente, podiam freqüentar semanalmente esse tipo de restaurante, o mesmo não acontecia com os artistas mais sujeitos a instabilidade e irregularidade de rendimentos. Assim, o hábito de convidar para jantar fora no domingo era bastante comum, criando-se a expectativa de que a pessoa convidada, quando pudesse, retribuiria. Dessa forma, enquanto parte do grupo mantinha um padrão de vida mais ou menos estável, baseado em um salário mensal, outra parte dependia de um certo apoio para, em fases de vacas magras, continuar a ter acesso às "boas coisas da vida". É evidente que isso também era fundamental em termos de acesso aos tóxicos. Isso não quer dizer que essas regras estivessem explícitas, nem que todos os membros do grupo as interpretassem da mesma maneira. Assim é que situações de tensão surgiam, com acusações mais ou menos veladas de "abuso" ou de "mesquinharia".

Na época da pesquisa, as pessoas que recebiam salário mensal variavam seus rendimentos entre 2 mil (publicitário, diplomata, sociólogo etc.) e 5 mil dólares (engenheiro e advogado com cargos de direção).[3] Nos casos em que as mulheres trabalhavam, e isso se dava basicamente nas faixas salariais mais baixas, havia um reforço que poderia ser bastante razoável. Assim, nenhum casal em que o marido tinha um emprego regular ganhava menos de 3 mil dólares, sendo que em certos casos a renda familiar ultrapassava a casa dos 6 mil dólares. Na ocasião, apenas quatro dos 12 casais tinham filhos, sendo que apenas um tinha dois filhos, os outros tendo só um.

Sete dos 12 casais moravam em casa própria — sempre apartamentos na Zona Sul —, sendo que dois estavam comprando o apartamento através de financiamento, tipo Caixa Econômica, a prazo de mais de 10 anos.

Como já disse, todos moravam na Zona Sul do Rio de Janeiro: sete casais no Jardim Botânico, quatro em Ipanema, um no Leblon, e o homem solteiro — que viria a se casar com uma das mulheres do grupo — na Lagoa. Isso no que se refere ao início da pesquisa. Com as separações, houve, evidentemente, uma série de mudanças, além de ter havido troca de local de residência por outros motivos. Dois casais que moravam em Ipanema foram para a Gávea, e nunca ninguém saiu da Zona Sul. Ao final do período da pesquisa, havia uma grande concentração na área Jardim Botânico-Horto-Gávea, só ficando um casal em Ipanema. A maior distância entre as residências representava, no máximo, 10 minutos de automóvel, sendo que boa parte das pessoas podia visitar-se caminhando a pé alguns mi-

[3] As quantias em dólar da época foram corrigidas para o valor de 1997.

nutos. Desenvolveu-se um forte consenso sobre como morar bem, com convergência de opinião entre as pessoas. A isso correspondeu uma crescente concentração, aproximando-se em termos de vizinhança. É interessante comparar com a situação residencial das famílias de origem, com muito maior dispersão, embora com uma certa tendência de concentração em Copacabana, pelo menos durante a adolescência das pessoas investigadas.[4] De qualquer forma, além de Copacabana os bairros "de origem" foram Leblon, Cosme Velho, Flamengo, Botafogo, Lagoa. É importante observar que, das 25 pessoas, apenas quatro moraram em alguma época de sua vida na Zona Norte do Rio de Janeiro, e isso sempre se deu no período de infância e sempre na Tijuca. Apenas três nasceram fora do Rio — em Minas Gerais, Rio Grande do Sul e Bahia. Trata-se, portanto, de um grupo basicamente carioca da Zona Sul, tanto na época da pesquisa como na origem. Isso é claramente valorizado pelos seus membros, havendo sempre piadas sobre Zona Norte, "além-túnel" etc. O mesmo não se dá no que se refere à origem estadual, não aparecendo uma especial valorização do fato de ser carioca em oposição a outros estados. Parece-me que, assim, a oposição Zona Sul *x* Zona Norte marca fronteiras, em termos de estilo de vida, de forma mais marcante do que Rio *x* outros estados. Cabe observar que, dessas três pessoas que nasceram fora do Rio, apenas uma mantém contato regular com o estado de origem, sendo que esta pertence a uma família de grande prestígio político-social desse estado, tendo propriedades e interesses ali.

Ter vivido ou viajado pelo exterior é importante símbolo de prestígio, sendo que conversas sobre viagens, vida no estrangeiro etc. constituem importante tópico dentro do grupo. Apenas quatro entre os 25 jamais saíram do Brasil, sendo que 17 passaram mais de seis meses contínuos no exterior. Diversos saíram várias vezes do país. Sete têm o hábito de anualmente

[4] Ver Velho (1973), onde é discutida a importância de Copacabana para grupos de camadas médias.

viajar à Europa. Aliás, é importante enfatizar que o "exterior" é basicamente a Europa e os Estados Unidos, em poucos casos incluindo a Argentina e o México. Com isso quero dizer que existem áreas ou regiões que são especialmente valorizadas e que são procuradas prioritariamente. Em termos de cidades, Paris, Londres e Nova York são os grandes pontos de referência, principalmente a primeira. Algumas pessoas orgulham-se de "conhecer Paris tão bem ou melhor que o Rio". Na fase final da pesquisa, começava a se desenvolver não só uma certa curiosidade, mas planos de viagens ao Oriente e à América andina, em parte ligados ao tema dos tóxicos. Mas a idéia de desconforto e sujeira era explicitamente mencionada como fator de repulsão.

O tema de uma vida "confortável" era bastante recorrente. A disponibilidade financeira era muito valorizada, especialmente se não provinda de um trabalho considerado excessivamente "careta".[5] O tempo disponível, o lazer, a liberdade de horário, eram algo a ser buscado ou preservado. Delineia-se, assim, de saída, uma possível contradição em termos de projeto. Para poder "curtir"[6] as coisas boas da vida é fundamental ter dinheiro, mas, entre essas coisas boas, uma das mais essenciais é não ter horário fixo, trabalhar no que realmente se gosta, não estar "burocratizado" etc. Uma das problemáticas fundamentais, portanto, é a tentativa de montar estratégias de vida que conciliem essa situação. Alguns tinham, de saída, muito melhores condições para esse esforço, na medida em que tinham apoio financeiro de suas famílias de origem. Certos indivíduos, já casados, recebiam contribuições como mesadas, pagamentos de aluguel, empréstimos etc. Pelo menos dois dos que tinham casa própria, havia sido presente das famílias. Já mencionei a existência de uma divisão entre pessoas com emprego fixo, regular, profissionais liberais com salário mensal e pessoas geralmente ligadas a atividades artísticas, funcionando como franco-atiradores,

5 "Careta" equivale de certa forma a "quadrado", com a conotação nova de que o careta, sendo convencional, não consome tóxicos.

6 "Curtir": aproveitar, viver intensamente, sentir com profundidade.

trabalhando parte do ano, passando longos períodos sem auferir rendimentos. Essa divisão não deve ser percebida estaticamente, mas sim em termos de possibilidades abertas para boa parte dos membros do grupo. Em nível de biografia, isso se traduz na possibilidade de mudanças radicais. Assim é que algumas pessoas que tinham emprego fixo abandonaram-no para dispor de maior liberdade, segundo seus próprios termos. O caminho inverso — abandonar a liberdade em troca de estabilidade e segurança — não se registrou. Concretamente isso significou, por exemplo, que um economista com uma renda superior a 5 mil dólares mensais, num cargo de direção de uma empresa, abandonou essa atividade para se dedicar à fotografia. Como dispunha de bens, garantiu uma renda mínima de 3 mil dólares. De qualquer forma, houve uma mudança considerável no seu estilo de vida e de sua família. Alugou o apartamento de luxo em que morava no Leblon, passando a ser inquilino de um apartamento, bem mais modesto, no Jardim Botânico. A diferença entre o que recebia como proprietário e o que pagava como inquilino passou a constituir boa parte da renda necessária para a sua subsistência. Houve uma queda geral no seu padrão de vida. Seus filhos passaram a estudar em um colégio mais barato, diminuiu consideravelmente o consumo familiar em termos de roupas, brinquedos etc. O hábito de ir à Europa pelo menos uma vez por ano teve que ser abandonado, embora isso não signifique que vá deixar de viajar durante muito tempo. Essa situação era colocada como uma decisão consciente de mudar de vida, optando por ganhar menos dinheiro mas *viver melhor*. Nesse exemplo, a família nunca deixou de ter uma vida segura e confortável, segundo os padrões do grupo. Deve-se dizer que esse economista era um dos que apresentavam padrão de vida mais elevado, tendo-se aproximado da média depois dessa decisão. No entanto, outros tipos de situação podem ser encontrados, com aspectos mais dramáticos. Assim é que um advogado abandonou um emprego para dedicar-se à atividade "a que realmente estava ligado": o cinema. Era casado e sua mulher tinha um emprego num jornal. Passaram a viver dificuldades, afetando seu padrão de vida. Havia uma preocupação de não depender das famílias de origem, nem sempre bem-sucedida. Durante esse tempo, o cineasta jamais admitiu voltar a trabalhar em direito, procurando dedicar-se apenas ao cinema, conseguindo fazer um curta-metragem que foi premiado num importante festival nacional. A atitude seguinte foi a decisão de ir à Europa com o dinheiro obtido, para ver os filmes e conhecer os lugares que tinham tanto valor simbólico para o grupo. A mulher não quis ir, tendo o marido passado dois meses no exterior. É importante observar que a decisão de ir à Europa e gastar assim o dinheiro conseguido, depois de muitas dificuldades, foi tomada aparentemente sem hesitações. Isso causou algum impacto no círculo de relações. Por parte de seus amigos havia uma certa ambigüidade. Embora, de um modo geral, as pessoas achassem que aquela era uma ótima maneira de usar o dinheiro e o que era importante era o indivíduo ser livre para dispor de sua vida, uma certa sensação de incômodo também existia com o estado de relativa privação de um de seus pares. De algum modo, isso provocava um desequilíbrio para os padrões e *ethos* dominantes do universo investigado, implícitos na manutenção de um estilo de vida valorizado. Parece ficar claro um ideal de uma "áurea medida" em que as pessoas são incentivadas e têm um certo apoio para poderem exercer sua liberdade, mas isso não pode levar a um desequilíbrio nas relações, ou seja, o problema da *reciprocidade* é fundamental para se entender a dinâmica do grupo.

Existia também uma expectativa com relação à qualidade dos trabalhos dos membros do grupo. A *performance* intelectual, artística, poderia garantir certos privilégios e crédito. Isso não significava, necessariamente, a consagração pela crítica, pelos órgãos de comunicação etc. O sucesso fácil, a aceitação unânime, o aplauso geral poderiam ser encarados com uma certa reserva, na medida em que um dos pontos fundamentais da visão de mundo era a ênfase no caráter de vanguarda, tanto em termos intelectuais e artísticos como em termos existenciais. Ou seja, existiam padrões internos de legitimação que implicavam num certo esoterismo de critérios, às vezes difíceis de serem explicitados. Assim é que o sucesso contínuo e praticamente ininterrupto de um artista plástico, depois de algum tempo, passou a ser encarado com reserva. Mais uma vez surge um nítido problema de ambigüidade no projeto desse grupo. O sucesso é importante, mas dentro de certos limites, do contrário a identidade das pessoas como *vanguardistas* poderia ficar ameaçada.

Assim, a ambigüidade marca toda a vida desses indivíduos. Voltando ao problema das viagens, poder-se-á perceber com maior clareza a lógica das decisões do cineasta. Conhecer pessoal e diretamente certos locais e poder contar a sua experiência era inegável fonte de satisfação e prestígio. Como durante o período da pesquisa sempre houve alguém ligado ao grupo morando em Paris, esta cidade foi várias vezes ponto de encontro. O tempo da permanência passa a ser uma espécie de *tempo mítico,*[7] no qual os menores acontecimentos ganham dimensões especiais. Assim, uma viagem feita à Grécia por meia dúzia de pessoas foi incorporada ao acervo de histórias do grupo, uma verdadeira mitologia, com diferentes versões. Os acontecimentos do cotidiano, no exterior, passam a ter um caráter de excepcionalidade. Isso, até certo ponto, parece ser a experiência de qualquer turista, mas o interessante é verificar como, concretamente num grupo, isso pode ser interpretado e tornar-se fonte de honra social. Nesse caso, trata-se de um tipo de pessoa que vive um período mais ou menos longo no exterior. Alguns passaram mais de três anos consecutivos fora. A maioria, como já foi visto, mais de seis meses. Esse ir e vir entre o Brasil e o exterior, especialmente a Europa, além de ser uma mudança geográfica, significa uma mudança de tempo. A intensidade e freqüência de contato com símbolos altamente valorizados em Paris, Londres etc. fazem do período de estadia fora uma época altamente ritualizada. O cotidiano é tão *sublinhado*, tão *focalizado*, que passa por um processo de sacralização.[8] Assim, um dia comum em Paris, com uma ida ao cinema no Quartier Latin, compras no Champs

[7] Ver Lévi-Strauss, Claude. *Anthropologie structurale.* Paris, Plon, 1958, capítulo XI, e *Le cru et le cuit*: ouverture. Paris, Plon, 1964.
[8] Ver Matta, 1974.

Elisées, um jantar na ilha de Saint-Dennis, é preservado, congelado em termos de experiência individual e grupal. O fato de ter testemunhas é muito importante, fazendo com que os programas de grupo sejam fundamentais. Não ter tido oportunidade de participar desse tipo de experiência, a não ser através de ouvir falar, podia deixar a pessoa num certo estado de ansiedade e frustração. No caso do cineasta, não poder ver filmes "que jamais passarão no Brasil" fazia com que desenvolvesse um sentimento de carência. A própria legitimação de sua atividade estava em jogo. A censura vigente no Brasil reforçava a importância dessas viagens. O grupo, como um todo, era altamente orientado, portanto, para o exterior. A volta de uma viagem era acontecimento importante, fazendo com que quase todos os amigos fossem ao aeroporto, da mesma forma como na ida. Saindo do aeroporto, deslocavam-se para a casa ou da pessoa que chegava ou de um outro membro do grupo, onde poderia haver um café da manhã, almoço ou jantar, dependendo da hora. Os presentes trazidos e os objetos e coisas em geral que tinham sido adquiridos eram então apreciados: roupas, livros, discos etc. As fotografias e filmes também eram importantes, sendo crucial o momento de "reconhecimento", por parte das pessoas, dos lugares ou coisas focalizados — um determinado castelo do Loire, uma certa *piazza romana*, uma ilha grega etc. As novidades eram explicadas e comparadas com as coisas conhecidas. Ser um bom fotógrafo ou filmar bem com super-8 passava a ser então importante. É importante verificar que não só os lugares são registrados, mas, obviamente, as próprias pessoas nos lugares.[9] Falar de filmes, peças e espetáculos musicais novos era também fundamental, e saber contá-los era importante. Logo, a ida ao exterior funcionava como uma espécie de rito de iniciação que dava um *status* mais elevado dentro do grupo. Ora, para poder cumprir tal rito era necessário dispor de recursos. As viagens mais modestas não ficavam por menos de 4 mil dólares, passan-

[9] Sobre a importância social da fotografia em outro contexto, ver Bourdieu, 1965.

do-se a maior parte do tempo em casas de amigos e conhecidos. Boa parte das pessoas tivera oportunidade de viajar, através de bolsas ou prêmios, pelo menos uma vez, mas outros tinham que contar com seus próprios recursos. Muitos sacrifícios poderiam ser feitos. Dessa forma é possível compreender como uma pessoa podia estar um dia jantando num restaurante de luxo em Paris e um mês depois não ter como pagar o aluguel do seu apartamento no Rio, passando até privações. A obtenção de um equilíbrio entre a necessidade de realizar esse desejo de viajar e a manutenção de um certo padrão de vida condizente com o ideal do grupo revelou-se, muitas vezes, difícil e desgastante. Uma fórmula que algumas pessoas encontraram foi manter um emprego fixo, porém em regime de meio expediente, utilizando o resto do tempo para atividades menos "burocráticas" em que pudessem expressar-se. Essa procura de uma atividade considerada criadora era outro objetivo fundamental. Dessa forma pode-se compreender como certos indivíduos abandonaram profissões mais rendosas e seguras alegando se sentirem "aprisionados" e "reprimidos". Esse tipo de atitude estava imediatamente associado a um discurso psicanalítico. Quatorze dos 25 estavam, nesse período, fazendo análise. Mais três viriam a fazer algum tempo depois. A importância disso era crucial para o grupo, constituindo um dos principais fatores de aproximação entre as pessoas. Conversava-se muito sobre o assunto, havendo constante troca de opiniões e confronto de experiências pessoais. As pessoas que não faziam análise poderiam em determinados momentos sofrer pressões mais ou menos sutis, havendo personagens renitentes. Até certo ponto, poder-se-ia falar de uma divergência. Mas ninguém declarava abertamente ser contra o tratamento, dizendo ou não dispor de dinheiro, ou achar que o "seu caso não era para a análise". Dentro do tema de *mudar de vida*, a análise era fundamental. Assim, criava-se uma forte expectativa em relação às pessoas que iniciavam o tratamento. Era importante, inclusive, poder detectar sinais visíveis de *mudança*, como emagrecimento, para as pessoas mais gordas, corte de cabelo "moderno" e roupas mais coloridas, para as mais tímidas etc. As decisões quanto a outros tipos de situação, como trabalho e casamento, eram imediatamente reportadas à análise. Abandonar ou trocar de trabalho, terminar um casamento, começar uma nova relação etc. constituíam a demonstração insofismável da mudança. Esta, em si, era altamente valorizada e sempre aparecia também, como será visto, associada à utilização de tóxicos, que teriam uma importância crucial em todas essas transformações existenciais. A linguagem analítica era incorporada ao discurso do grupo, havendo brincadeiras freqüentes com situações reveladoras, atos falhos, "bandeiras"[10] etc. Desenvolvia-se uma competição entre os analisandos, às vezes bem explicitada, podendo ser acompanhada de brincadeiras, outras vezes de forma mais implícita e irônica. Um tema de conversação importante, e possivelmente o mais freqüente, era sobre as próprias pessoas do grupo. Quem está bem, quem está melhorando, quem "está numa boa", quem está mal, quem não tem progredido, quem "não quer mudar" ou "tem medo de mudar" são alguns dos tópicos desenvolvidos em encontros de membros do grupo em tom mais confidencial. Esse tipo de assunto era discutido, normalmente, quando poucas pessoas estavam reunidas, sendo, no entanto, geralmente veiculado através dos participantes para membros do grupo não presentes. Assim, a "fofoca" constituía-se em importante meio de comunicação, através do qual queixas eram feitas, querelas criadas ou desfeitas, avaliações e julgamentos difundidos. É claro que dentro do grupo poder-se-iam distinguir pessoas unidas por afinidades maiores ou interesses específicos, mas não chegavam a constituir, na época, propriamente subgrupos com fronteiras estáveis. Assim é que três ou quatro dos homens costumavam ir, com certa regularidade, ver jogos de futebol no Maracanã, uma meia dúzia tinha o hábito de jogar vôlei na praia sábado à tarde, alguns desenvolviam relações de trabalho em projetos comuns como um filme ou a montagem de um espetáculo teatral.

[10] "Bandeira": comportamentos ou observações que possam revelar algo que não se deseja explicitar. Alguém dar "bandeira", no contexto dos tóxicos, pode significar dar indicações de que usou ou está usando algum tóxico ou que está de posse de algum. Numa discussão sobre análise seu significado aproxima-se de ato falho.

Certos parentes, como no caso dos irmãos, tinham laços específicos, problemas com a família de origem, bens comuns etc. Os ex-colegas de colégio ou faculdade poderiam ter determinados assuntos próprios, que chegavam a provocar brincadeiras por parte dos outros membros do grupo, surgindo discussões em torno de que colégio era melhor ou pior. Poderiam surgir alianças mais ou menos estáveis, assim como confrontos e competições mais ou menos demorados, chegando às vezes a rompimentos e brigas, geralmente contornados, depois de algum tempo, através das atividades em conjunto do grupo e da pressão dos outros amigos. O clima de competição manifestava-se em vários níveis. Competia-se em torno do sucesso profissional, da qualidade da análise, da disponibilidade de dinheiro, da qualidade das roupas, da beleza das mulheres e, mais camufladamente, dos próprios homens. A capacidade de sedução, o charme, mais ou menos associados à beleza e à inteligência, eram constantemente sublinhados. Estabeleciam-se hierarquias, em função dessas variáveis, de pessoas mais ou menos "interessantes". Aí surge um dos aspectos mais marcantes desse grupo, uma espécie de jogo de sedução geral que poderia chegar a criar situações de crise conjugal, inclusive com separações. Nem todas as pessoas participavam desse jogo com a mesma vontade, desenvoltura ou habilidade, podendo haver gafes, segundo os critérios dominantes, ou recusas de participar pura e simplesmente. Nessa área pode-se dizer que existiam fortes discordâncias a respeito da validade ou dos limites do jogo. Nesse particular, as festas eram ocasiões cruciais, havendo uma certa expectativa de que poderia surgir algum "caso" não só entre pessoas do grupo, mas, possivelmente, com pessoas de fora. Não havia uma definição explícita de que se tratava de um jogo, e as possíveis regras podiam ser bastante nebulosas. Assim é que uma pessoa que estava começando a freqüentar essa roda foi ridicularizada ao fazer investidas desastrosas numa festa. Dessa forma, havia uma etiqueta que poderia ser bastante esotérica para pessoas de fora. Era um mecanismo que garantia limites e fronteiras, fazendo com que se tornasse extremamente difícil penetrar no grupo. O domínio desse código era, portanto, fundamental. A idéia de *vanguarda* estava associada a um caráter assumidamente elitista do comportamento predominante. De um lado, enfatizava-se o pioneirismo dos trabalhos: filmes, peças, pinturas e aspectos considerados não-conservadores, como relações sexuais antes do casamento, uma certa permissividade, liberalidade no vocabulário com o emprego rotineiro de palavrões, roupas mais arrojadas. Por outro lado, usando muitas vezes uma linguagem mais ou menos jocosa, falava-se no bom *pedigree* do grupo. Assim distinguiam-se "pessoas finas" de grossas, mal-educadas, "sem berço". Conforme já foi visto, enfatizava-se a procedência de Zona Sul, o estudo em certos colégios. Mas cada vez mais, no decorrer do período, surgia com freqüência o assunto do passado das famílias, histórias a respeito de avós, antepassados etc. A origem das famílias era discutida, velhos álbuns de retratos redescobertos, e objetos familiares, como jóias e móveis, passaram a surgir e a ser expostos, utilizados como símbolos de *status*. Evidenciou-se progressivamente uma dimensão aristocrática na visão de mundo predominante. De início enfatizavam-se a criatividade, a capacidade intelectual e o talento, elementos constituintes de uma "aristocracia de espírito", mas aos poucos passou a ser também focalizada a origem familiar, sendo acionados então os mecanismos tradicionalmente usados na caracterização de uma "aristocracia de sangue".[11]

Convém examinar agora com mais cuidado essas famílias de origem. Praticamente todos os pais eram profissionais liberais: médicos, engenheiros, advogados etc. Alguns eram militares que a partir de uma determinada época dedicaram-se a outras atividades. O fato é que oito dos pais, sendo na origem profissionais liberais civis ou militares, tornaram-se empresários ou então herdaram alguma atividade empresarial. O porte desses negócios poderia variar desde a posse de uma pequena rede de lanchonetes até o controle acionário de um complexo comercial abrangendo várias atividades, como empresas de

[11] Em capítulo posterior será examinada a compatibilidade maior ou menor entre o vanguardismo e o aristocratismo.

construção civil, editoras, companhias de imóveis, financeiras etc. Algumas pessoas tinham os pais mortos, mas, entre os vivos, na época da pesquisa, pelo menos quatro faturavam mais de 40 mil dólares por mês, e possivelmente apenas dois, menos de 4 mil dólares. A maioria dispunha de recursos financeiros advindos de aplicação de capital, sendo quase inexistente a situação de depender inteira e exclusivamente de um salário. Os pais constituem, então, uma categoria de profissionais liberais dispondo de algum capital próprio ou até com atividades empresariais. Com apenas uma exceção, todos dispunham de uma casa própria, pelo menos, sendo que boa parte, além de casa ou apartamento no Rio, tinha casa de veraneio ou sítio, geralmente na área de Petrópolis-Teresópolis-Friburgo.

Quase todos os pais tinham enriquecido ou prosperado no decorrer de suas vidas, sendo que só em três casos pode-se dizer que tenham recebido heranças substanciais. Na maioria das vezes, os avós eram pessoas de posses limitadas, podendo dispor de alguns bens imóveis, no máximo. Mas já são encontrados, em boa proporção, profissionais liberais, como engenheiros, advogados, médicos, um juiz e também militares. Há maior número, no entanto, de pessoas sem curso superior, como comerciantes, funcionários públicos, diferentemente da geração dos filhos e netos. Tanto entre os pais como entre os avós aparecem vários indivíduos que são definidos como sendo ou tendo sido políticos. São registrados diversos casos de participação tanto na política estadual como na nacional, aparecendo deputados, senadores, secretários de Estado e ministros. Pelo menos meia dúzia de avós e três dos pais ocuparam altos cargos na administração pública ou tiveram um mandato no Congresso Nacional. Quanto aos bisavós, as referências ou informações são bem mais vagas e incompletas. No entanto, aparecem alguns nobres do Império que são bastante valorizados. Além disso, podem surgir também pessoas bem mais modestas, como imigrantes portugueses e italianos. Na geração dos avós, os únicos imigrantes que aparecem são os avós de três judeus, oriundos da Europa Central, e dois avós franceses, todos de certas posses. Esses imigrantes portugueses e italianos bisavós parecem ter sido pequenos comerciantes, com um início no Brasil de certas privações. Pode-se dizer, em princípio, que as famílias de origem desse grupo ascenderam socialmente de forma bem marcante e, nos casos em que isso não se deu, já tinham, em geral, uma posição social de bastante prestígio e recursos, mantendo-se estável através das gerações.

As relações do grupo com suas famílias eram fortemente marcadas por ambigüidade e contradições. Num nível, rejeitavam vigorosamente a educação, a formação e os valores transmitidos pelos pais. Estes eram acusados, com maior ou menor ênfase, de terem sido repressivos e rígidos. Várias das famílias pertenciam a círculos tradicionais, fazendo com que os filhos reagissem a qualquer idéia de educação ou formação religiosa. Todos os membros do grupo definiam-se como "ateus convictos". A moral predominante nas famílias de origem era definida como hipócrita, sendo, em vários casos, contestada a relação entre pais e mães, considerada rotineira e empobrecida. A isso contrapunham um ideal de vida livre, descomprometida e criadora. As pessoas deveriam viver juntas enquanto a relação "fizesse sentido". A partir daí, deveriam se sentir livres para "partir para outra", quando fosse o caso. Os pais eram criticados, muitas vezes, por terem mantido casamentos estagnados, tendo os homens, em certos casos, amantes fora de casa, permanecendo as mulheres mais ou menos trancadas ou restringidas, perdendo tempo com banalidades. Contrapunham a isso o modelo de um casal, cujos membros eram "pessoas autônomas", independentes, com "vida própria". Defendia-se a igualdade de direitos de homem e mulher. Em relação aos filhos, embora na ocasião apenas quatro casais os tivessem, pregava-se uma educação livre, sem repressões. As crianças eram pessoas com gostos e interesses que deveriam ser respeitados. Alegavam terem sido reprimidos por suas famílias, desrespeitados e constrangidos a fazer coisas pelas quais não tinham um interesse "autêntico". A categoria *autenticidade* era importante, puxando vários assuntos e temas. Como será visto, o tóxico era importante na busca de autenticidade. Espontaneidade era também considerada essencial, associada à autenticidade. Os pais eram tachados de inautênticos, formais e reprimidos. A análise fazia com que surgisse uma preocupação muito grande na relação com os filhos, com os chamados problemas edipianos. Era necessário não disfarçá-los ou ignorá-los como os pais, mas aceitá-los "sem grilos". Várias pessoas tinham, algum dia, já adultos, tido brigas sérias com os pais, podendo até ter passado algum tempo rompidos, sem procurar contato. Na época da pesquisa, apenas um dos membros do grupo definia suas relações com o pai como estremecidas, mas reconciliou-se logo depois. Paralelamente, como foi visto, havia um forte sentimento de identificação com o passado familiar, parentes etc. Esse sentimento foi se tornando cada vez mais claro e manifesto com o correr do tempo. Assim é que se no início da pesquisa surgiam em conversa, constantemente, reclamações e acusações contra os familiares, depois de algum tempo o tom foi mudando, com comentários sobre o passado da família, características dos pais consideradas engraçadas ou positivas, e diminuindo a hostilidade. Essa modificação era, em geral, percebida pelo grupo e considerada conseqüência da análise. Diziam, por exemplo, ter descoberto as "suas próprias limitações", podendo ver os pais como "seres humanos como quaisquer outros", com qualidades e defeitos. Estavam aprendendo a "curtir" a família, havendo um certo aumento de contato. Isso não acontecia da mesma maneira e no mesmo ritmo para todas as pessoas do grupo. Alguns mantiveram por mais tempo do que outros forte ressentimento e hostilidade. Em certos casos, mais uma vez segundo a própria definição das pessoas, foi a análise "que deu forças para brigar com a família". A idéia de *mudança*, sempre presente, fazia com que se valorizassem as pessoas que mostrassem transformações nas suas relações familiares. Havia, no entanto, um forte consenso de que, se os atritos eram inevitáveis, um rompimento definitivo era indesejável e estéril. É interessante chamar a atenção para o fato de que uma minoria de pais fazia ou já tinha feito análise, e alguns outros já haviam tido um contato um pouco mais demorado com psicólogos, psiquiatras, feito algum tipo de terapia etc. Isso era muito valorizado e interpretado como sinal de que os pais também estavam interessados em mudar. Por outro lado, como foi mencionado, as pessoas mantinham, em sua grande maioria, uma série de laços bem concretos com seus familiares. Dessa forma, a dependência financeira era um vínculo importante. Mesadas, empréstimos, presentes de diferentes tipos eram recebidos das famílias. Os casais com filhos constantemente dependiam do auxílio dos familiares para tomar conta das crianças, em momentos de doença etc. As casas de veraneio dos pais eram usadas com uma certa regularidade pelos próprios filhos, mas estes também levavam pessoas do grupo para passar fins de semana e feriados. No caso das pessoas com emprego instável, com renda irregular, essa dependência poderia tornar-se, em certas épocas, quase que absoluta. Portanto, ao mesmo tempo que surgem uma contestação e uma crítica severas às famílias de origem, encontra-se uma relação muito estreita, com acentuada dependência material em muitos casos. Acredito poder afirmar que, no decorrer dos dois anos da pesquisa, houve uma tendência para diminuir a intensidade da contestação, havendo a procura, mais ou menos consciente, de encontrar fórmulas de convivência em que a dependência material aparecia associada a uma valorização de suas famílias, cada vez mais assumida. Isso não significa que não surgissem com uma certa regularidade conflitos entre pessoas do grupo e suas famílias a respeito de trabalho, educação de filhos, moral etc. Algumas relações do grupo, pertencentes mais ou menos ao mesmo círculo, poderiam inclusive viver situações altamente dramáticas, que eram veiculadas. Isso fazia com que estivessem sempre presentes a possibilidade de um confronto mais radical e uma certa consciência de um equilíbrio precário. Cheguei mesmo a encontrar várias situações em que discordâncias e conflitos familiares, tendo como pivôs pessoas mais jovens, culminaram em internações em hospitais psiquiátricos, com acusações de doença mental.[12] Alguns desses episódios envolviam famílias conhecidas das pessoas do grupo, fazendo com que sempre houvesse uma preocupação com esse

[12] Ver Velho, 1974c.

tipo de problema. Nessas situações, poderiam surgir discussões a respeito do grau de ameaça que as famílias poderiam representar. Nesse sentido, as pessoas poderiam ser acusadas de complacentes ou de intolerantes. Logo, embora as relações com as famílias tivessem evoluído para uma maior cordialidade, isso não significava que não permanecessem grandes tensões.

***

Como já foi dito, esse grupo era, em grande parte, composto de artistas e intelectuais. Várias pessoas, com maior ou menor freqüência ou regularidade, eram produtoras de trabalhos, filmes, peças, músicas, quadros, esculturas, artigos etc. Como mostra Gramsci, não se trata apenas de constatar que podiam ter uma atividade artística e intelectual, mas que estabeleciam uma relação com a sociedade que os incluía numa categoria social que tem relações de determinado tipo com outros grupos sociais.[13] Especificamente, em relação ao mercado de trabalho, uma parte dos membros do grupo tinha que procurar elaborar estratégias para colocar, vender os seus produtos, articular-se com produtores, empresários, *marchands* etc. É justamente a instabilidade e precariedade desse mercado que fazem com que várias das ambigüidades possam surgir. É a dificuldade de poder colocar no mercado as suas obras que vai fazer com que apareça com tanta clareza a divisão entre a aspiração de ser "autêntico", de fazer ou trabalhar no que se quer e a aspiração de ter um estilo de vida confortável, orientado para o consumo de uma série de bens de luxo. É por esse motivo que certas pessoas procuravam manter um emprego fixo, com salário regular, para poder ter uma certa segurança que não encontravam vivendo apenas da sua criação artística. Assim, além de pessoas que só se dedicavam ao seu "trabalho criador", dependendo muito do apoio familiar, existiam pessoas que garantiam um salário trabalhando, por exemplo, em meio expediente num jornal e no

[13] Ver Gramsci, 1968.

resto do tempo escrevendo peças, fazendo músicas etc. Essas diversas alternativas eram acionadas em diferentes momentos da vida das pessoas, sendo raras as que nunca tiveram que desempenhar, em algum período pelo menos, atividades exclusivamente definidas como "para ganhar dinheiro". A grande tensão consistia em impedir que a atividade intelectual e artística passasse a ser apenas um *hobby*, um passatempo. Tratava-se de preservar um tipo de identidade. A relação com o mercado colocava permanentemente em jogo a concepção da autenticidade do trabalho das pessoas. Mais uma vez aparece o problema da vanguarda, fazendo com que houvesse uma forte preocupação de não fazer um trabalho comercial ou para a "classe média". Procurar sobreviver através de sua arte ou de seu trabalho intelectual, sem fazer concessões, seria o ideal da maioria das pessoas. Alguns colocavam que seria melhor ganhar dinheiro em outra atividade com que nada tivessem a ver do que "vender-se", diminuindo a sua atividade criadora. Outros, em vários momentos, aceitavam "esquemas comerciais" para poder sobreviver ou ter reservas para fazer depois o seu "verdadeiro trabalho". É o compositor que aceita fazer um *jingle*, o cenógrafo que vai trabalhar na televisão, o fotógrafo que colabora num filme erótico de baixo nível etc. Havia o caso de uma pessoa amiga de vários membros do grupo que tinha uma série de atividades e habilidades artísticas, que um dia desistiu de insistir, aceitando trabalhar como engenheiro num emprego de tempo integral, recebendo um salário considerado excelente. Essa pessoa ficou bastante desprestigiada, embora continuasse, eventualmente, a manter alguma espécie de atividade artística. Mas aí já tinha virado *hobby*. Alguns dos amigos insistiram, convidando-o para fazer trabalhos juntos, mas acabaram decepcionados porque fulano estava definitivamente perdido. Nesse caso a mulher poderia ser responsabilizada pela desistência e acusada de "pequeno-burguesa medíocre".

Como já foi visto, existiam pessoas que tinham emprego em tempo integral, com salários regulares. Nesses casos, mesmo quando a pessoa pudesse ter aspirações ou pretensões "criadoras", estas não eram, em princípio, legitimadas, sendo aceitas em função de outras características valorizadas pelo grupo, como o bom gosto, o senso de humor, hábitos requintados etc. Assim, embora praticamente todas as pessoas tivessem atividades artísticas e intelectuais, apenas uma parte definia-se como tendo como relação básica com o mercado esse tipo de atividade. Os hábitos de consumo, o estilo de vida, as roupas e os lugares freqüentados é que vão dar a unidade básica, compondo um código comum. O grupo, como um todo, desenvolvia atividades artísticas e tinha um forte interesse em arte em geral. Por outro lado, o trabalho intelectual era praticado e aceito com certas reservas.[14] A crítica de arte, teatro e literatura era praticada por algumas pessoas e incluída no universo intelectual do grupo. Havia, como foi visto, um forte interesse por psicanálise e psicologia, tema de conversação constante, mas apenas parte das pessoas tinha o hábito de ler trabalhos teóricos como os de Freud, Melanie Klein, Lacan. Nessa área havia alguns especialistas, e várias pessoas encaravam a preocupação teórica com esses problemas como podendo ser esterilizante em relação aos seus tratamentos analíticos. A atitude em relação às ciências sociais, como será visto com mais detalhes, era muito ambígua. Algumas pessoas tinham estudado sociologia, política etc., havendo inclusive profissionais no grupo. Grande parte dos componentes, no entanto, desconfiava das explicações sociológicas, considerando-as muito gerais e pouco concretas. Eu poderia dizer que o discurso mais legitimado era o artístico-psicológico, na falta de expressão melhor, com uma certa informação sociológica.

Em arte, cinema era o interesse comum, unindo praticamente todas as pessoas. Várias trabalhavam regularmente como diretores, fotógrafos, assistentes de direção, e outros já haviam tido oportunidade de ter experiências na área, como fazer roteiros, preparar cenários, figurinos e mesmo trabalhar como ator. Era um assunto fundamental, havendo constante troca de

[14] É evidente que existe arbitrariedade na distinção entre trabalho artístico e intelectual. Sigo a própria distinção do grupo.

informações e discussões a respeito. Além das pessoas que tinham ou já haviam tido algum trabalho profissional, várias outras possuíam máquinas de filmar super-8 que eram usadas regularmente para registrar passeios, acontecimentos da vida cotidiana, sendo geralmente mostrados os filmes para o grupo. Nessas ocasiões poderiam ser discutidas técnicas de filmagem, feitas comparações, dados conselhos e discutidos os detalhes. Era importante ocasião de sociabilidade, sendo que várias vezes as pessoas se reuniam para essa finalidade. Surgiam diferenças de opinião, preferências e idiossincrasias, mas havia um consenso de que o tema era importante. Teatro, literatura, música e artes plásticas eram também valorizados, mas não havia um interesse tão generalizado e, de certa forma, homogêneo como no caso do cinema. Existiam pessoas ligadas a atividades teatrais, escritores, músicos e artistas plásticos, que formavam núcleos de interesse mais particularizados. Em certas ocasiões, um desses temas poderia se tornar, por algum tempo, o centro das preocupações. Assim é que várias pessoas se associaram na montagem de um espetáculo teatral musicado, e, durante uns seis meses, na fase de preparação, ensaios e realização da peça, muitas atividades do grupo giraram em torno dela. Na época do lançamento de um disco de um membro do grupo, ou da exposição individual de outro, música e artes plásticas eram discutidas com maior freqüência. Uma das tônicas era a preocupação de se representarem como pessoas abertas, não excessivamente especializadas. Dessa forma, havia uma forte expectativa de que os indivíduos não se encastelassem em especialidades, permanecendo preocupados e interessados em outros assuntos. Ao mesmo tempo, esperava-se que ninguém invocasse a sua especialização contra possíveis sugestões ou críticas das outras pessoas. Por outro lado, não só era aceito como, em certos contextos, podia ser altamente valorizado o fato de pessoas que habitualmente trabalhavam numa área fazerem experiências em outras, como um pintor realizar um curta-metragem ou um cenógrafo trabalhar como ator. Mais uma vez encontra-se o tema da mudança, que seria um permanente estímulo para as pessoas estarem revendo suas posições, atividades e opiniões. Valorizava-se a criatividade e a busca de autoconhecimento.

No início do período da pesquisa, as pessoas iam com uma certa freqüência, em grupo, a cinemas e teatros, mas aos poucos isso foi-se modificando, e ir a esses lugares, em geral, passou a ser uma atividade do casal, acompanhado no máximo de um outro casal. As pessoas se reuniam quase sempre nas casas, propriamente. Outro hábito que desapareceu foi a ida a bares para tomar chope, refrigerantes etc. Isso é conseqüência direta da introdução do uso de tóxicos, fazendo com que as pessoas ficassem muito mais nas casas do que em lugares públicos. Além disso, ir a locais muito freqüentados, cheios, exceto a praia e, para certas pessoas, o Maracanã, passou a ser visto como altamente incômodo e desgastante. Ir ao cinema ou ao teatro nos fins de semana tornou-se um programa especialmente rejeitado, na medida em que envolvia, segundo os padrões vigentes, desconforto e atordoamento. Pode-se dizer que o único lugar público que as pessoas continuavam freqüentando em grupo, fora a praia, era o restaurante. Como já foi visto, não poderia ser qualquer tipo de restaurante, mas geralmente lugares mais sofisticados. Evidentemente, definiam-se certos restaurantes como preferidos pela qualidade da comida, presteza do serviço, eficiência ou simpatia do *maître* e tipo de clientela. Escolhia-se com cuidado o horário para evitar o contato com "cafajestes", que poderiam ser pessoas com dinheiro mas de "mau gosto e que falavam alto".

Assim, pode-se dizer que houve uma tendência progressiva do grupo como tal para freqüentar menos e menos lugares públicos, encontrando-se e reunindo-se nas suas casas. Os lugares públicos que continuaram a ser freqüentados eram rigorosamente escolhidos, sendo valorizados especialmente determinados tipos de restaurantes em detrimento de bares antes mais visitados. Como será visto, isso parece ser resultado, de um lado, da crescente utilização de tóxicos e, de outro, de uma progressiva "aristocratização" das pessoas.

Encontros

Passarei a descrever as cinco situações selecionadas como ilustração da vida do grupo.

1. Trata-se de uma estadia de três dias, aproveitando um feriado, em um sítio da família de um dos membros do grupo, perto de Petrópolis. Ao todo, 13 pessoas compareceram. Parte das pessoas saiu na quinta-feira à noite em dois automóveis, e o resto saiu na sexta-feira pela manhã. Todo o grupo, em diferentes horários, voltou para o Rio no domingo, entre 17 e 22h. As 13 pessoas usaram quatro automóveis.

O grupo que chegou no sítio quinta-feira, por volta de 23h, depois de se instalar, escolhendo quartos, se reuniu numa das salas da casa, onde ficou até cerca de 3h de sexta-feira, conversando, tomando uísque, ouvindo música e fumando maconha. Nem todos fumaram e nem todos tomaram uísque. Por volta de 2h, fizeram uma ceia com predominância de doces, que, de acordo com a definição do grupo, estão associados à maconha. As pessoas começaram a tomar café por volta de 10h, sendo que algumas só acordaram por volta de 12h. Pouco depois chegava o resto do grupo. Todos juntos dirigiram-se à piscina. Metade das pessoas ficou jogando vôlei, enquanto as outras conversavam. Entre os que conversavam, os homens tomavam gim tônica, e as mulheres, refrigerantes. Mais tarde, quase todos dirigiram-se para a sauna, que, com mais um banho de piscina, concluiu essa etapa do dia. Por volta de 15h, almoçaram uma refeição lauta, com muitos pratos como lombinho de porco, galinha ao molho pardo e várias sobremesas como ambrosia, goiabada, queijos. Depois do almoço, quase todos se recolheram aos respectivos quartos. Lá pelas 18h, estavam todos novamente reunidos nas duas salas principais da casa. A vitrola foi ligada, alternando-se músicas americanas das décadas de 40 e 50, com discos de Bing Crosby, Frank Sinatra, Nat King Cole, e músicas mais modernas, como Beatles, Rolling Stones, Mamas and the Papas. A maioria passou logo a fumar maconha. Alguns homens ocasionalmente bebiam uísque ou vinho *rosé* gelado. A conversa tinha como tópicos música, futebol, entre os homens, e principalmente comentários sobre pessoas ausentes. O anfitrião, a partir de uma determinada hora, começou a contar casos de sua família e histórias sobre o sítio, quando tinha sido adquirido e como, rememorando experiências de infância e adolescência. Outras pessoas intervinham contando casos de suas famílias e experiências em sítios e fazendas. Depois alguém lembrou-se de um filme recentemente visto e passou a comentá-lo, sendo acompanhado por parte do grupo. Um segundo círculo de interesse formou-se com três homens conversando sobre futebol. Depois de alguns comentários sobre a situação do campeonato carioca e de seus respectivos times, começaram a recordar antigos campeonatos, havendo discussões a respeito de detalhes de jogos, escalação de times etc. Por volta de 21h, passaram a ver filmes — alguns de futebol, Copa do Mundo de 1958, por exemplo, e outros de viagem. A maioria das viagens era ao exterior, no caso, Europa. Foram vistos filmes da Itália e da Grécia, principalmente. Perto das 23h fizeram uma outra refeição. Enquanto o almoço tinha sido servido por dois empregados, nessa as próprias pessoas se serviram. Comeram sobras do lombinho, sanduíches de presunto, queijo, geléias. Alguns tomaram chá e refrigerantes. Comia-se com grande apetite e, até certo ponto, voracidade. Depois, quase todos os homens e apenas uma mulher reuniram-se para jogar pôquer, enquanto as outras pessoas ficavam vendo filmes na televisão. Estas se recolheram cerca de 2h, enquanto os que jogavam só foram dormir depois de 5h. Das seis pessoas que jogavam, duas tornaram a fumar maconha em pequena quantidade.

No sábado, o programa seguiu o mesmo padrão, sofrendo apenas uma alteração maior, com a saída para jantar num restaurante em Petrópolis. A maior parte das pessoas fumou maconha pouco antes de sair, rumando depois para a cidade. Voltaram cerca de 23h. Antes de as pessoas começarem a jogar pôquer, houve uma discussão mais ou menos generalizada sobre psicanálise, em que foram discutidas as virtudes da individual e da de grupo, chegando a haver debates acalorados. No dia seguinte, as pessoas foram para a piscina por volta de 10h. A maioria dos homens ficou jogando bola, intercalando vôlei com uma "linha de passe", enquanto as mulheres conversavam e liam jornal. O almoço saiu mais cedo, pois alguns queriam voltar para o Rio ainda à luz do dia. Pouco depois de 16h saiu o primeiro carro, saindo o último por volta de 22h. Antes de viajar, várias pessoas fumaram um pouco.

2. Trata-se de uma festa realizada na casa de um dos membros do grupo. Não havia nenhuma razão específica nem data para comemorar. A motivação era simplesmente que as pessoas estavam "sentindo falta". O local era um apartamento de sala e dois quartos no Jardim Botânico. A maioria das pessoas começou a chegar depois de 22h. A vitrola estava ligada num volume que fazia com que só fosse possível ouvir as pessoas a uma distância muito pequena. Assim formaram-se grupos pelo apartamento — dois na sala e um em cada quarto. Predominavam as músicas pop, com alguma música brasileira como Caetano Veloso, Gal Costa, Gilberto Gil. O dono da casa não estava numa fase particularmente próspera, de modo que vários convidados trouxeram garrafas de uísque escocês para melhorar o setor de bebidas. Logo que chegavam, os homens começavam a beber uísque ou vinho *rosé* gelado. A maioria das mulheres não bebia bebidas alcóolicas, preferindo guaraná ou coca-cola. Umas poucas pessoas presentes não eram participantes regulares dos encontros desse grupo, mas todas eram pessoas conhecidas. Por volta de 24h, três dos homens deslocaram-se para um dos quartos que estava, no momento, vazio. Aos poucos, outras foram-se deslocando, sendo a maioria homens. Os três iniciais tinham preparado cigarros de maconha, e os outros interessados em fumar foram para o quarto. Além de ter pessoas menos íntimas presentes, sabia-se que a sala era mais devassável, tornando mais perigosa a situação de fumar maconha. Apesar disso, no meio da festa, cigarros de maconha circularam também pela sala. Quase todos os presentes deram, pelo menos, uma "bicada", enquanto cerca de meia dúzia fumou praticamente a festa toda, que acabou por volta de 4h. Algumas pessoas dançaram não mais de meia hora. A maioria não se interessou, ficando conversando. No decorrer da noite, houve pelo menos

duas situações que mobilizaram o grupo, embora isso se manifestasse através de olhares e comentários monossilábicos, discretos. Uma pessoa de fora poderia não perceber que algo de diferente pudesse estar ocorrendo. Sabia-se que dois casais presentes "não estavam bem" e, desde que chegaram, os membros de cada casal mantiveram-se afastados, participando de grupos distintos. A partir de uma certa hora, o marido do casal A e a mulher do casal B começaram a conversar sozinhos num canto de um dos quartos. Conversavam em voz baixa, evitando a participação de outras pessoas. Em pouco tempo, praticamente todos os presentes souberam do fato. Logo depois, o homem do casal B tirou a mulher do A para dançar, ficando, por sua vez, juntos, num comportamento semelhante ao de seus esposos, até quase o final da festa. Na hora de ir embora, os esposos voltaram a se encontrar, e saíram o marido A com a mulher A e o marido B com a mulher B, voltando para suas respectivas casas.

Esse acontecimento, aparentemente sem maiores conseqüências, expressa claramente parte da visão de mundo desse grupo. Embora nada de mais concreto que pudesse caracterizar uma "infidelidade conjugal" tivesse acontecido, ficava patente que essa possibilidade estava em aberto. A liberdade das pessoas e a alternativa de mudança enfatizavam que o casamento delas não era vivido como algo definitivo e que, pelo contrário, sempre estava "em aberto". Isso era feito de uma maneira suficientemente explícita para todo o grupo ver confirmados esses valores. Nesse sentido, era uma forma de ritual ao sublinhar e enfatizar publicamente essa dimensão.[15] O acontecimento serviu de importante tema de conversação entre as pessoas do grupo durante mais de duas semanas, até que um fato novo pudesse desbancá-lo.

3. Praia num dia de verão em Ipanema. Depois de 12h começam a chegar as pessoas num ponto de encontro habitualmente freqüentado por intelectuais, artistas, pessoas conheci-

[15] Ver Turner, 1974; Van Gennep, 1960; e Matta, 1974.

das. As fronteiras entre os grupos na praia mereceriam um estudo à parte.[16] Nesse local predominam pessoas de mais de 25 anos, enquanto uns 50 metros adiante encontra-se uma grande concentração de adolescentes. Depois de 12h, quase não há mais crianças, propriamente, e retira-se a maioria das pessoas que não têm algum tipo de relacionamento ou conhecimento com esse grupo. De um modo geral, pode-se dizer que naquela área da praia concentra-se boa parte do círculo intelectual-artístico-boêmio da Zona Sul do Rio. Os diferentes grupos se fixam, havendo, no entanto, circulação, com pessoas deslocando-se de um para outro, embora de um modo geral todos tenham um ponto de referência mais ou menos fixo.

No caso desse grupo, instalaram-se duas barracas bem perto do mar e, entre 12 e 16h, 18 das 25 pessoas estiveram nesse ponto. Outros conhecidos ou amigos também passaram ali algum tempo, enquanto pessoas do próprio grupo se deslocavam para outros lugares. Era bastante comum só homens ou só mulheres se deslocarem juntos. O padrão predominante era as mulheres ficarem enquanto os homens circulavam, embora ocasionalmente duas ou mais moças pudessem dar uma volta para encontrar algum conhecido. Conversava-se, a maioria caía na água regularmente e bebia refrigerantes, mate, limonada etc. Ninguém fumou maconha. Por volta de 15h, vários homens foram para uma rede de vôlei a duas quadras, onde ficaram jogando até bem mais tarde. A maioria saiu por volta de 16h. Alguns foram comer sanduíches e sorvetes num bar próximo, enquanto outros iam direto para casa. Quase todos voltariam a se encontrar à noite na casa de um membro do grupo. Os temas de conversação na praia não eram muito diferentes dos de outras situações, havendo talvez por parte dos homens mais ênfase em esporte, não só futebol como outras modalidades. A importância da ida à praia parecia residir na possibilidade de saber novidades, na troca de informações dos mais diferentes tipos entre os grupos e pessoas em geral, na possibilidade de retomar con-

[16] Ver Castro, 1973.

tatos, de rever pessoas que normalmente não são encontradas em outros lugares. É curioso que o sinal característico que demonstra que um indivíduo está querendo "sumir" é o fato de ele não comparecer alguns fins de semana seguidos à praia, nesse local. Poderá estar indo à praia quatro ou cinco quadras adiante, mas seu comportamento demonstra não estar "a fim de transar",[17] estando em busca de um isolamento voluntário. Isso poderá ser causado por *n* motivos, mas basicamente está ligado a algum tipo de crise afetiva. Quando reaparece no ponto conhecido, um dia específico, significa que a fase pior já foi superada e que está em condições ou com vontade de retomar os contatos. Esse comportamento poderá ser de um indivíduo isolado ou de um casal. Em poucos casos o afastamento demorava mais de um mês; em média, não mais de duas semanas. Obviamente, isso era mais um tema de conversação do grupo, ainda mais porque normalmente estava associado a uma crise de marido e mulher ou namorados. Poderia também ser uma briga de amigos, um desentendimento. Talvez em apenas dois casos essa separação, durante o período da pesquisa, apareceu como duradoura ou definitiva. Nesses casos, os indivíduos em pauta passaram a freqüentar outros lugares e outras rodas, sendo perdidos de vista. A explicação dada, que vinha através de terceiras pessoas, de conhecidos comuns, era que a pessoa tinha se cansado do papel que desempenhava naquela roda, que "não era valorizada", que tinha "entrado em outra"[18] etc.

Outro tipo de informação que podia ser colhida na praia era em relação à compra de maconha, ácido, cocaína etc. As pessoas de confiança poderiam informar-se reciprocamente a respeito de "boas transas", por exemplo, como obter uma maconha de qualidade a um preço razoável. Isso era um assunto que poderia surgir, mas ninguém ia à praia com esse objetivo exclusivamente. Entre as informações dos mais diferentes tipos que poderiam circular — uma sessão especial de um filme de Buñuel,

17 "Transar": relacionar-se, comunicar-se. Pode ter específicas conotações sexuais.

18 "Entrar em outra": mudar em geral, mudar de vida.

uma festa interessante — poderia surgir algo a respeito de tóxicos. Por fim, havia uma importante dimensão estética e erótica na ida à praia. O culto à beleza era fortemente enfatizado pelo grupo. "Pessoas bonitas" era uma expressão muito usada e fortemente valorativa. Então, ia-se à praia para ver e exibir beleza, *to see and to be seen.* Quando chegava um verão, havia toda uma preparação para começar a temporada de praia. De início, as mulheres preocupavam-se em ir tomar sol em lugares menos freqüentados, para quando começassem a ir no ponto mais concorrido já irem com uma tonalidade de pele mais queimada. Preocupavam-se em emagrecer, quando se consideravam mais gordas, fazendo regimes alimentares e ginástica. Também alguns homens, embora com maior reserva, tomavam suas providências. A preocupação com gordura e beleza era generalizada, e quando alguém parecia estar se descuidando de sua aparência era sinal de que a "cuca não estava boa". As pessoas eram estimuladas a se apresentarem bem vestidas e com bom aspecto. O ideal de beleza, tanto para homens como para mulheres, era o de pessoas esguias e leves. Na praia, com roupa de banho, era a prova clara e definitiva a respeito do físico e da beleza. Havia um forte consenso de que o aspecto físico expressava os sentimentos e o estado de espírito.

4. O segundo fim de semana que registrei, seis meses depois do já descrito, foi no mesmo sítio, com boa parte das pessoas que estiveram presentes no anterior. De um modo geral, as coisas se passaram da mesma forma, a mesma rotina de refeições, piscina, sauna, jogos de vôlei e pôquer etc. A diferença crucial foi que, dessa vez, além da maconha, algumas pessoas fizeram uma "viagem" de ácido.

Na segunda noite da estadia, cinco dos 12 presentes reuniram-se numa sala mais isolada e ingeriram ácido lisérgico. Isso havia sido programado com alguma antecedência, tomando-se as providências necessárias, que consistiam basicamente em saber quem estava interessado e comprar o ácido. Os outros presentes continuaram a fazer outras coisas, que, naquela noite, eram jogar pôquer e ver televisão. Não tomavam ou "por não estarem a fim" ou, no caso de pelo menos três, porque tinham medo, conforme disseram. Entre as cinco que estavam tomando ácido, uma mulher era estreante e os quatro homens já tinham tomado antes, sendo que um deles era considerado, meio jocosamente, um "veterano" — já tinha feito cinco "viagens". Logo depois de terem ingerido o ácido, saíram da sala e ficaram nas salas principais, conversando normalmente. Algum tempo depois, começaram a sorrir ou dizer mesmo que já estavam começando a sentir os efeitos. Dois voltaram para a sala inicial, logo seguidos pelos outros três. Lá ligaram a vitrola bem alto e ficaram, pelo espaço de umas duas horas, ouvindo música e falando pouco entre si. Ocasionalmente algum outro membro do grupo entrava na sala e ficava um certo tempo ouvindo música e trocando umas poucas palavras. Embora o assunto não fosse comentado com maiores detalhes, havia uma certa tensão entre os que não tinham tomado ácido. Parecia haver uma sensação de certa vergonha de não ter coragem de tomar o ácido, no caso dos que explicitamente colocavam o seu medo, e uma sensação de exclusão generalizada. Depois de algum tempo, uma sexta pessoa, que não estava interessada de início e que já tinha feito outras "viagens", saiu da mesa de pôquer e foi também tomar ácido, ficando depois na sala da vitrola com os que já estavam lá. Cerca de 2h, todos os que não tinham tomado ácido foram dormir. Na manhã seguinte, soube-se que os que tinham "viajado" só tinham ido dormir depois de 6h. Tinham ouvido música até bem tarde e depois ficaram conversando e comendo. A rotina foi retomada com o banho de piscina, a sauna, o vôlei. Sorrisos cúmplices e alguns comentários breves a respeito da "viagem" eram trocados no decorrer das outras atividades, mas parecia haver um consenso de que tinha sido uma dose não muito forte e de que ninguém tinha "amarrado bode", feito uma *bad trip*, tudo tinha corrido bem.

5. O último encontro escolhido para descrição foi uma festa na casa de uma das pessoas do grupo. Era o aniversário da dona da casa, e mais de 70 pessoas compareceram. Todos os 25 participantes regulares estavam presentes. A festa tinha sido

programada com uma certa antecedência, e a maioria dos convidados fora avisada há pelo menos uma semana. Era um sábado, e os convites e a notícia tinham sido confirmados e relembrados na praia, de manhã e de tarde. Os convidados eram, praticamente, todos do círculo intelectual-artístico-boêmio da Zona Sul. A grande maioria se conhecia, havendo umas poucas pessoas que se conheceram na hora, mas não havia ninguém que não tivesse algum tipo de relação com algum dos 25. Havia uma forte expectativa em relação ao acontecimento, esperava-se que fosse uma "grande festa". O apartamento era amplo, com muitos cômodos, e o salão principal havia sido preparado para dança, abrindo-se espaço, com móveis sendo removidos ou rearrumados. Uma fita foi preparada, com muito cuidado, por três pessoas, com uma rigorosa seleção musical para manter viva a festa, intercalando diferentes tipos de música — pop, samba, rock, fox etc.

Os convidados começaram a chegar por volta de 10h. Havia uma preocupação especial, naquela noite, com as roupas. As mulheres exibiam vestidos longos semitransparentes, decotes que certamente seriam considerados ousados em ambientes mais conservadores. Era verão e houve um certo consenso de que as pessoas estavam "muito bonitas". De início, foram-se formando pequenos grupos pelo apartamento, tanto no salão como em outros cômodos. Fora preparada uma mesa, num canto do salão, com salgadinhos, sanduíches, doces e bebidas, principalmente uísque escocês e vinho. Um pouco antes da meia-noite, alguns convidados começaram a dançar. O sistema de som foi sendo elevado, e a uma hora da manhã a festa estava chegando ao seu auge, com quase todas as pessoas dançando animadamente. Num dos quartos, tinha sido cuidadosamente arrumada uma quantidade razoável de cocaína — "pó". Depois, soube-se que só nesse setor a festa tinha custado perto de mil dólares. A maconha, o "fumo", circulava livremente por toda a festa, parte fornecida pelos donos da casa e parte trazida pelos convidados. Só alguns "cheiraram pó", embora a maioria soubesse que havia. De qualquer forma, isso não era anunciado com estrépito. Sabia-se através de informações mais ou menos discretas que circulavam pela festa. Homens e mulheres, indistintamente, consumiram cocaína, muitos pela primeira vez. É interessante notar que apenas homens tinham preparado o material, não havendo participação feminina nessa fase. Sempre que havia homens presentes, estes se encarregavam dos trabalhos de preparação, como enrolar cigarros de maconha, separar as fileiras de cocaína etc. Era uma tarefa eminentemente masculina.

Pessoas que estavam sozinhas, sem acompanhante, procuravam-se e formavam pares. Mesmo alguns dos que chegaram acompanhados por esposos ou namorados cometeram pequenas infidelidades, dançando grande parte da festa com outra pessoa, numa atitude, às vezes, de namoro. Em algumas situações, o comportamento poderia assumir formas mais explícitas, criando um certo "clima". Nesses casos, a atitude dos acompanhantes iniciais poderia variar entre, por sua vez, encontrar outro parceiro, manter uma atitude fleumática ou não conseguir ocultar o nervosismo e a irritação. Esperava-se que ninguém fizesse escândalo, de uma forma ou de outra. Nem todos assumiam esse tipo de comportamento. Boa parte dos casais manteve-se junta durante a maior parte da noite, embora não ficassem dançando exclusivamente um com o outro. A expectativa dominante era que não ficava bem só ficar com seu marido, esposa, namorado ou namorada. Era importante haver uma certa circulação que caracterizasse um ambiente civilizado e não-preconceituoso que em nada se assemelhasse a uma "festinha de classe média". Podia-se comentar que fulano "estava muito possessivo", ou que sicrana "não largava seu marido", com um tom crítico e levemente zombeteiro. Alguns casais novos, mais ou menos duradouros, foram formados na festa.

Esta foi considerada um sucesso, e explicava-se a excitação e animação das pessoas só em parte pelo uso de "pó". Elogiaram-se o ambiente e a música, a comida e as bebidas também foram citadas como responsáveis pela alegria predominante. Havia um consenso, no entanto, de que nunca se tinha visto tanto "pó" em uma festa. Frise-se que pelo menos metade dos presentes não consumiu cocaína, embora quase todos soubessem de sua existência no local. Os últimos convidados a sair tomaram café com os donos da casa por volta de 7h. Os 12 que participaram dessa refeição estavam todos incluídos entre os 25.

***

Pelo que foi exposto, trata-se de um grupo cujas fronteiras nem sempre estão muito nítidas, na medida em que seus membros estão permanentemente em contato com outros grupos, indivíduos e situações altamente diversificados. Nesse sentido pode-se inclusive discutir até que ponto, não sendo um grupo organizado como uma tribo, um clã ou uma linhagem, não seria melhor simplesmente descrevê-lo como uma *network* (rede social). Embora através da observação direta pudessem ter surgido dados que levassem a ampliar ou diminuir o círculo de 25 pessoas selecionado, parece-me fundamental que, durante um certo período de tempo, um espaço de cerca de dois anos, houve uma forte noção, compartilhada por essas pessoas, de que havia alguma coisa que as aproximava mais, fazendo com que muitas vezes isso aparecesse no seu discurso como "o nosso grupo", "nós" etc. De qualquer forma, fui levado a considerar a freqüência de contatos, registrando encontros dos mais diferentes tipos. De um modo geral, não encontrei nada de especialmente contraditório que me levasse a questionar a "validade" dos discursos das pessoas. Quanto ao uso de *network*, na medida em que não parti de um indivíduo específico, parece-me altamente problemático.[19] Sem dúvida, é possível traçar mapas internos ao grupo definido, especificando tipos e freqüência de contatos entre os seus membros. Mas nesse caso eu não estarei constituindo a unidade através desse método, mas detalhando-a. Uma vez aceitando a existência do grupo, posso traçar não só as linhas de relacionamento e comunicação internas, como poderia também verificar como seus membros se articulam com outras

[19] Ver, a propósito, Mitchell, 1969, cap. 1.

pessoas e grupos através de *networks*. Mas sempre estarei aceitando a existência do grupo, conforme a representação dos 25 indivíduos estudados. Cito a seguir trecho de entrevista que me parece altamente ilustrativo:

> "Acho que é um problema de afinidade. As pessoas acabam se encontrando. Alguns de nós éramos amigos desde crianças. Fomos conhecendo outras pessoas. Muitas passaram, poucas ficaram. Gostos, interesses parecidos. *Nós constituímos um grupo*. Já dura algum tempo. Não quer dizer que todos pensemos igual sobre tudo mas que, de um modo geral, sobre as coisas mais importantes, estamos de acordo. Nós nos sentimos bem juntos."

***

Gostaria de chamar especialmente a atenção para as relações entre homens e mulheres dentro do grupo. De um modo geral, pode-se dizer que os membros dos casais tinham um círculo de relações comum, freqüentando basicamente as mesmas pessoas. Como vários homens não tinham emprego fixo ou passavam longos períodos sem trabalhar, poderia haver, inclusive, uma divisão de trabalhos domésticos, como fazer compras ou até cozinhar. Assim, esses casais, nesses termos, se aproximariam do que Elizabeth Bott chamou de "relacionamento de papel conjugal conjunto".[20] Mas existiam atividades tipicamente masculinas, como jogar vôlei sábado à tarde na praia, quando excepcionalmente uma das mulheres que jogava muito bem poderia participar. O futebol também era assunto e atividade masculinos, e a única mulher do grupo que demonstrava um interesse maior era encarada com alguma jocosidade. Ir ao Maracanã "com mulher" era considerado desagradável e aborrecido. A compra e todos os contatos necessários para a obtenção de tóxicos, atividade considerada até certo ponto perigosa, eram feitos apenas por

[20] Ver Bott, 1968, esp. cap. 3.

homens. As mulheres, por sua vez, poderiam sair para fazer compras juntas, especialmente roupas, com uma certa regularidade. Outra atividade feminina era ir a aulas de ginástica ou ao cabeleireiro, ocasionalmente. Nos casos em que os homens trabalhavam regularmente fora durante o dia, era rotineiro o encontro de mulheres para atividades comuns. Era bem mais raro, embora acontecesse, o encontro de homens e mulheres não casados, namorados ou apenas amigos para fazer alguma coisa como ir ao cinema ou simplesmente conversar. Entre os homens cujos horários eram mais irregulares, era rotineira a ida ao cinema em um dia de semana. Nesses casos, dois ou três homens se encontravam, iam ao cinema e podiam passar algum tempo na casa de um deles, fumando maconha ou bebendo vinho. Portanto, em certas situações, havia uma forte divisão de atividades e papéis masculinos e femininos, aproximando-se mais de um "relacionamento de papel conjugal segregado".[21] Embora marido e mulher conhecessem e se dessem basicamente com as mesmas pessoas, existiam situações em que ficava fortemente marcada a descontinuidade entre masculino e feminino. Em termos de relações conjugais, é importante lembrar que a "infidelidade" masculina era muito mais tolerada e que, no caso das separações de casais, quando alguém se afastava do grupo era justamente a mulher. Em dois casos, pelo menos, mulheres foram fortemente discriminadas por terem cometido "infidelidades". Mais uma vez aparece a ambigüidade. Em certas situações, como festas, um certo clima de liberalidade conjugal era não só valorizado como incentivado. No entanto, especialmente no caso das mulheres, quando um passo mais drástico e definitivo era tomado, poderia haver uma forte reação moralista em que padrões aparentemente tradicionais eram acionados. Basicamente, se a mulher fosse o primeiro membro do casal a ostensivamente tomar a iniciativa de uma aventura extraconjugal, a reação era muito vigorosa. Sem dúvida, os homens do grupo se apoiavam muito nessas situações. Nessas situações era comum se formarem partidos em torno do casal. De um modo geral, os argumentos mais moralistas eram

[21] Bott, 1968.

acionados pelo setor masculino do grupo, enquanto as mulheres enfatizavam mais o tema da liberdade individual, chamando a atenção para o machismo existente nessas situações e anunciando o que chamavam de "dominação masculina". Algumas mulheres, no entanto, tinham uma atitude mais omissa, preferindo não opinar sobre o assunto. Quando a aventura extraconjugal da mulher tinha como conseqüência a separação do casal e, mais ainda, quando ficasse caracterizado que a mulher tinha rompido o casamento, abandonando o marido, a situação dela poderia ficar extremamente incômoda. Nos dois casos citados, as mulheres passaram a ser tratadas com indiferença, frieza e hostilidade por grande parte do grupo, especialmente pelos homens. A partir daí o afastamento era mais ou menos inevitável. Nessas crises, poderia ficar muito nítida a divisão entre homens e mulheres, com a identidade sexual sendo fortemente marcada e reafirmada.

É interessante lembrar, como mencionei anteriormente, que em situações de rotina era constantemente enfatizada a igualdade de direitos de homens e mulheres e enaltecida a "independência" dos membros dos casais. Em momentos de crise, o discurso poderia mudar radicalmente, enfatizando toda uma outra ordem de valores em que as diferenças entre homem e mulher eram sublinhadas. Por exemplo:

> "É um problema cultural. Na sociedade em que vivemos, as coisas se passam assim. É muito difícil aceitar um homem corneado. É irrealista pensar que é diferente. O mal que J (mulher) fez a T (homem) quando transou com L foi muito grande. Ela abusou. Talvez daqui a 50 anos seja diferente, mas agora ainda não dá pé. As pessoas têm que ser realistas. No fundo, o que ela queria era ferir T."

Não se trata de negar a permanência, mesmo nesses momentos, de uma preocupação com liberdade e mudança. A mesma pessoa, em momentos diferentes dentro do próprio período da crise, poderia acionar interpretações contraditórias. Isso dependia de diversas variáveis, como a maior ou menor proximidade dos indivíduos envolvidos, das alianças existentes dentro do grupo etc. Quero apenas chamar a atenção para a complexidade do discurso dessas pessoas, para as ambigüidades e variações.

***

Na realidade, trata-se de um grupo cujo *ethos* é bastante complexo, na medida em que está permanentemente em contato e confronto com outras concepções ou outros *ethoses*. Gregory Bateson (1967: 118-22), que utilizou bastante esse conceito, disse:

> "A abordagem *ethologica* implica um sistema de subdivisão de cultura muito diferente. A sua tese é que podemos abstrair de uma cultura um certo aspecto sistemático denominado *ethos*, que podemos definir como a expressão de um *sistema culturalmente padronizado de organização dos instintos e das emoções dos indivíduos*. O *ethos* de uma determinada cultura é, como veremos, uma abstração a partir de todo o agregado de suas instituições e formulações e, assim, poderia ser esperado que *ethoses* seriam infinitamente variados de cultura para cultura, tão variados como as próprias instituições. Na realidade, no entanto, é possível que, nessa infinita variedade, seja o conteúdo da vida afetiva que mude de cultura para cultura, enquanto sistemas subjacentes de *ethos*es estão continuamente se repetindo. Parece, uma declaração mais definitiva seria prematura, que poderemos a longo prazo ser capazes de classificar tipos de *ethos*(...). Quando um grupo de jovens intelectuais ingleses, homens ou mulheres, estão conversando e brincando juntos, espirituosamente e com uma pitada de cinismo, está estabelecido entre eles um nítido tom de comportamento apropriado para aquela ocasião. Tais específicos tons de comportamento são sempre indicativos de um *ethos*. São expressões de um sistema padronizado de atitudes emocionais. Neste caso, as pessoas adotaram temporariamente um conjunto específico de sentimentos em relação à realidade e brincarão sobre assuntos que em outros momentos trata-

riam com seriedade. Se uma das pessoas subitamente fizer uma observação sincera ou realista não será recebida com entusiasmo, talvez mesmo com um momento de silêncio e com a ligeira sensação de que a pessoa sincera cometeu uma impropriedade. Em outra ocasião, o mesmo grupo de pessoas pode adotar um *ethos* diferente; podem conversar realística e sinceramente. Assim, se o desavisado fizer uma piada, esta soará como uma impertinência."

Assim, ao descrever o cotidiano desse grupo, ao narrar os encontros, estou preocupado em captar o "tom" dominante. Ao fazer isso, estou interessado em definir o *sistema culturalmente padronizado de organização dos instintos e emoções dos indivíduos* que está inseparavelmente associado à *padronização dos aspectos cognitivos da personalidade dos indivíduos*. Bateson (1967: 118-20, 220 e 176) denominou o primeiro de *ethos*, e o segundo, de *eidos*. Desde o início, falei que estava interessado nas representações, na visão de mundo etc. de jovens de camadas médias que utilizavam tóxicos. Trata-se de precisar agora um pouco mais isso. A idéia de sistemas de classificação implica em mapas de orientação através dos quais as pessoas e os grupos se situam no mundo, estabelecem suas estratégias, traçam seus objetivos e se organizam em geral. Mas, ao fazer a etnografia dessas situações, o que ficou patente para mim é que, além da lógica que possa sustentar esses mapas, era importante captar certos aspectos afetivos da vida do grupo que normalmente são poucos considerados nesse tipo de trabalho. Parece-me que Bateson (1967:26) estava bem consciente desse problema ao distinguir *ethos* de *eidos*. Frisava ele, já no primeiro epílogo de *Naven*, estar consciente de que se tratava de dois conceitos que o investigador teria que manipular conforme as suas necessidades com muito cuidado:

"Estreitamente ligada a essa dificuldade é a diferenciação entre os aspectos afetivos e cognitivos da personalidade. Estou consciente de que, atualmente, os psicólogos tendem a olhar com desconfiança os termos afetivo e cognitivo, mas ainda assim espero que, se tomarmos esses termos como aspectos, e não categorias de comportamento, e então partirmos para comparar os *ethos* e *eidos* das várias culturas, possamos ao final chegar a uma melhor compreensão do pensamento e da emoção."

Mesmo que nossas idéias sobre processos de conhecimento, com os trabalhos de Durkheim, Mauss e Lévi-Strauss, tenham até certo ponto se afastado da dicotomia entre afetivo e racional ao salientar, por exemplo, a eficácia de um conhecimento construído através de uma ciência do concreto, ficam alguns problemas ainda que gostaria de mencionar antes de prosseguir.[22] Parece-me que, a partir de uma determinada época, os cientistas sociais em geral tenderam a deixar de lado a vida emocional dos grupos que estudavam, aceitando não se tratar de sua província de conhecimento. Caberia às ciências do comportamento individual, como a psicologia, a psiquiatria e a psicanálise, esse tipo de tarefa. Ao enfatizar os aspectos ditos sociológicos e estruturais da vida social, relegavam a um interesse secundário o problema das emoções e da vida afetiva. Sem dúvida, isso correspondeu a uma reação contra certos exageros do culturalismo, da escola de personalidade e cultura, etc.[23] No entanto, ao lidar com situações concretas de trabalho de pesquisa na tradição antropológica, pode ficar muito aguda a necessidade de enfrentar o problema da vida afetiva dos grupos estudados, sob pena de deixar de perceber aspectos cruciais do seu comportamento social — no meu caso, por exemplo, as opiniões e posições políticas. É por esse motivo que me preocupo em tentar distinguir, além de *eidos*, dos sistemas de classificação e da padronização dos aspectos cognitivos, as características dos *ethoses* desses grupos. Por outro lado, estou consciente do problema de estar lidando com um grupo que não é auto-suficiente ou autocontido, mas sim inserido em uma sociedade complexa, estratificada. Até que ponto pode-se distinguir um *ethos*, um *eidos*, uma visão de mundo etc. próprios será per-

[22] Ver especialmente Mauss (1966 e 1969) e Lévi-Strauss, 1970.
[23] Ver especialmente a obra de Margaret Mead (1935) e seus discípulos.

manente e talvez insolúvel problema no decorrer deste trabalho. No entanto, em princípio parece-me possível destacar certas características afetivas e cognitivas iniciais que passarei a enumerar.

1. O *indivíduo* como referência. A preocupação com as biografias individuais era marcante. Fundamental era a caracterização das particularidades das diferentes pessoas, das coisas que as distinguiam umas das outras. Partimos do princípio de que, dentro do grupo, todos eram "pessoas finas", talentosas etc. Era importante marcar a originalidade de cada um, peculiaridades e idiossincrasias. Daí a importância da psicanálise, que teria como tarefa ajudar as pessoas a se descobrirem através de um processo de autoconhecimento. Era objetivo fundamental descobrir qual "era a sua" ou definir as suas peculiaridades em busca de uma autenticidade. Nesse sentido, viver assumindo as suas emoções e sentimentos era definido como crucial. Havia grande desconfiança em relação a generalizações sociológicas.

2. Associado a isso está o tema da *competição*. Os indivíduos são diferentes, mas é possível compará-los em função de seu maior ou menor talento ou criatividade. A ambigüidade do sucesso está clara, na medida em que a *autenticidade* pode estar em flagrante contradição com a aceitação e o aplauso de um público, de uma crítica. A originalidade e a autenticidade estão integradas à autodefinição de vanguarda, que em princípio está sujeita a ser ignorada, incompreendida e, portanto, com sérios limites em termos de seu sucesso, que pode ficar postergado para um futuro mais ou menos remoto. A competição é fundamental, mas os critérios que vão definir os "vencedores" oscilam entre um vanguardismo e o triunfo oficial, acadêmico ou comercial-financeiro.

3. Sendo fundamental viver autenticamente, é necessário permitir-se desfrutar a vida sem maiores culpas. Assim é que a busca do prazer é legitimada como um fim em si mesmo, em uma forma de *hedonismo*. No entanto, os prazeres valorizados, como viajar à Europa, comer em restaurantes de luxo, viver numa casa bem decorada e confortável, implicam na necessidade de despen-

der energias para obter os recursos necessários. Trata-se, portanto, de um hedonismo com camisa-de-força, na medida em que os valores giram, em grande parte, em torno do consumo de bens e atividades que têm preço *x* no mercado.

4. O tema do *sexo* era permanente e constante. De um lado, pregava-se a igualdade entre os sexos, valorizava-se a liberdade, a escolha, a autenticidade mais uma vez. De outro lado, os papéis masculino e feminino eram fortemente marcados através de uma série de atividades diferenciadoras. Em momentos de crise conjugal, ficavam bem marcadas as fronteiras entre os dois sexos, como foi visto. Nesses momentos, poderiam até ficar explicitadas relações de hostilidade entre os sexos, com acusações de "machismo" ou "leviandade".

5. O tema da *mudança* era também constante. Poderia aparecer nos mais diferentes contextos — trabalho, relações amorosas, amizade, residência etc. O grupo definia-se como sendo orientado para a mudança. O vanguardismo implica na inovação, na invenção, e havia uma preocupação em ter uma vida privada coerente com o trabalho de criação. Ou seja, ser um artista de vanguarda, por exemplo, implicaria em não ser pessoalmente "quadrado", "careta", "pequeno-burguês". Mesmo as pessoas que não desempenhavam uma atividade que não fosse considerada especialmente inovadora ou vanguardista aceitavam, em princípio, a importância de ser "aberto", rejeitando as escalas de valores das famílias de origem como hipócritas, repressivas etc. No entanto, aparentemente de forma paradoxal, as constantes e cada vez mais freqüentes referências ao passado familiar enfatizavam a identificação com as famílias, valorizando fortemente um lado "aristocrático" de suas biografias. Num momento negava-se a escala de valores através da qual se tinha sido socializado, para em outro momento preocupar-se em afirmar as origens e o passado como fonte de legitimação. Ao mesmo tempo em que o caráter de vanguarda refere-se a uma "aristocracia de espírito", a família remete a uma aristocracia de sangue — boas famílias,

"pessoas finas", "de berço" etc. Há uma ênfase constante na mudança, mas sem rejeitar totalmente a idéia de continuidade.

6. Essa consciência aguda da individualidade, a importância da criatividade e a competição fazem com que haja um clima de uma certa *ansiedade*. As pessoas parecem ser tensas e muitas vezes agressivas. O uso da ironia é constante, e o humor existente pode ser bastante cáustico. Brinca-se muito com as palavras, parecendo servir isso como uma forma de distanciamento das situações e dos acontecimentos. A ironia pode servir de instrumento de neutralização de ansiedades. Pessoas sem senso de humor são consideradas "pesadas" e podem incomodar bastante.

As pessoas podiam revelar-se bastante sensíveis, e eram bastante freqüentes as rusgas e desentendimentos dentro do grupo. Pareciam existir fortes laços emocionais entre as pessoas, criando expectativas marcadas de lealdade e amizade. Cenas de ciúmes entre os membros do grupo não eram raras, aparecendo sob formas mais ou menos sutis. A carga emocional e o envolvimento entre os indivíduos, em geral, eram fortes, e para lidar com isso havia a preocupação de desenvolver fórmulas de convívio bastante elaboradas, uma etiqueta. Era importante saber quem procurou quem pela última vez, quem ofereceu jantar, deu presente etc. Havia necessidade de manter a comunicação interna bastante controlada para impedir desequilíbrios. O jogo de sedução a que me referi também era, sem dúvida, contribuição significativa para a ansiedade reinante.

De um modo geral, esse grupo se caracterizava por laços emocionais fortes e ambíguos, associados a um represamento das expressões de sentimentos e emoções. Ao mesmo tempo que era importante ser autêntico, era fundamental ser educado, fino, não "dar bandeira" etc. As manifestações afetivas, em grande parte contidas, poderiam aparecer sob formas relativamente explosivas e violentas. É claro que existiam dentro do grupo certas redes de relações em que a expressão da afetividade encontrava canais mais rotineiros, especialmente entre as mulheres. A grande intimidade e contato entre as pessoas, além da valorização de um comportamento "adequado", pareciam gerar grande tensão e ansiedade. É nesse contexto que as festas tornam-se acontecimentos muito importantes na vida do grupo, na medida em que nelas há um certo grau de permissividade não encontrado no cotidiano. Embora, conforme foi visto, sejam muito heterogêneos os comportamentos na festa, há explicitada no nível das representações a possibilidade de uma *communitas* nos termos de Victor Turner, com pelo menos a ameaça de dissolução de relações estruturais como a de marido e mulher.[24] Como todo ritual, a festa poderia representar, num nível, grande tensão para os seus participantes, e noutro nível, distensão e relaxamento. A representação que o grupo faz dos tóxicos, como será visto, liga-se a essa problemática.

***

É bastante claro que quase todos os membros desse grupo têm como origem famílias que ascenderam socialmente nas duas gerações anteriores. Embora existam fortes diferenças de renda entre as diferentes famílias, que poderiam levar a especificações e discussões em torno da exata posição de cada uma num sistema de estratificação social, parece não haver dúvida de que, com maior ou menor sucesso, todas foram *climbers*. Nos termos de Bourdieu (1974: 7-8):

> "A posição de um indivíduo ou de um grupo na estrutura social não pode jamais ser definida apenas de um ponto de vista estritamente estático, isso é, como posição relativa ('superior', 'média' ou 'inferior') numa dada estrutura e num dado momento. O ponto de trajetória, que um corte sincrônico apreende, contém sempre o sentido do *trajeto social*. Logo, sob pena de deixar escapar tudo o que define concretamente a experiência da posição como etapa de uma ascensão ou de um descenso, como promoção ou regressão, é necessário caracterizar cada ponto pela diferencial da função que exprime a curva, isso é, por toda a curva.

[24] Ver Turner, 1974, esp. cap. 4.

Em conseqüência, podemos distinguir *propriedades ligadas à posição definida sincronicamente e propriedades ligadas ao futuro da posição*. Assim, duas posições aparentemente idênticas do ponto de vista da sincronia podem se revelar muito diferentes quando referidas apenas ao contexto real, isso é, ao futuro histórico da estrutura social em conjunto e, portanto, ao futuro da posição. Ao contrário, indivíduos (por exemplo os que Jurgen Ruesch denomina *climbers* — indivíduos em vias de ascensão — ou *strainers* — indivíduos que aspiram em vão à ascensão — ou ainda os que Harold L. Willensky e Hugh Edwards chamam *skidders* — indivíduos em declínio) ou grupos (classes ascendentes ou classes em declínio) podem ter propriedades comuns na medida em que lhes seja comum, senão a trajetória social, ao menos o sentimento ascendente ou descendente de seu trajeto."

Parece-me, portanto, que há uma experiência comum dos membros desse grupo que vai marcar fortemente suas visões de mundo e representações. Na origem, praticamente todos estão ligados a grupos em ascensão. Até que ponto certas famílias são de classe alta ou classe média poderia levar a uma discussão infindável. Minhas indicações e dados básicos partem do fato de estarem todas, na época da pesquisa, em um momento de sua trajetória social que corresponde a um movimento ascendente ou, pelo menos, em certos casos, de manutenção de posição e nunca de descenso.

Nos casos de manutenção de *status* através das gerações, são justamente as famílias de mais posses que conseguiram estabilizar suas rendas e posição. De qualquer forma, na maioria esmagadora dos casos, a ascensão mais marcada se deu na geração dos pais. Em princípio, já posso levantar a hipótese de que essa origem e essa experiência possam ter sido a base para a constituição de uma visão de mundo e de um *ethos* comuns. De acordo com as características assinaladas, trata-se de um grupo individualista, altamente competitivo, hedonista até certo ponto, muito preocupado com a problemática sexual e vivendo num clima de acentuada ansiedade.

CAPÍTULO 2

O uso de tóxicos

Uma vez tendo situado o que considero as principais características do estilo de vida, da escala de valores e do *ethos* desse grupo, passo agora a examinar especificamente o tema dos tóxicos.

É minha intenção evitar julgamento de valor a respeito desse problema, procurando registrar com a maior fidelidade possível o discurso do grupo. Mas, na medida em que trarei dados que foram obtidos através de minha observação do comportamento das pessoas, acho necessário chamar a atenção para o fato de que, sendo um tema altamente polêmico e mobilizante, parece-me impossível afirmar minha total isenção e imparcialidade. Assim é que, certamente, muitas coisas que me pareceram importantes e dignas de registro talvez fossem consideradas banais e mesmo risíveis por pessoas que tivessem tido uma educação menos puritana. No entanto, tenho a forte impressão de que minhas perplexidades e dúvidas não foram muito diferentes da maioria das pessoas do grupo investigado, cujo *background* não é, em princípio, muito diferente do meu. Tive sempre a preocupação de fazer as distinções necessárias entre os meus *bias* e pontos de vista e os do grupo investigado, mas parece-me crucial deixar claro que em muitos momentos eles se confundem. É evidente que estou consciente de que posso ter distorcido certos comportamentos ou fatos, mas aí recorro a Clifford Geertz, que enfatiza que o trabalho de natureza antropológica sempre é uma interpretação e que, portanto, a subjetividade do investigador sempre interfere.[25] É importante estar consciente dessa característica nesse tipo de trabalho, procurando o melhor rendimento possível nessas condições.

Primeiramente, acho importante fazer um pequeno histórico do uso de tóxicos nesse grupo. A primeira vez que se registrou a utilização de maconha por pessoas do grupo foi em 1969. Assim é que, no período de pesquisa propriamente, já tinham se passado três anos desde a introdução da maconha. Não quero entrar em discussões a respeito do que é ou não tóxico, na medida em que se trata de uma questão mais apropriada a outros especialistas.[26] A categoria *tóxico* será usada no sentido comum em que é utilizada na Zona Sul do Rio de Janeiro e se refere, basicamente, a maconha, cocaína, heroína, ácido, ópio, haxixe e certos remédios utilizados em doses especiais como Mandrix. Na medida em que este capítulo prosseguir, ficará mais clara a classificação utilizada pelo grupo que é um dos objetos de minha investigação.

Antes da introdução da maconha, a maioria das pessoas fumava tabaco, e todos os homens e algumas mulheres consumiam regularmente bebidas alcoólicas. Dentro do grupo, duas pessoas especialmente eram consideradas bebedoras contumazes. A bebida mais consumida e valorizada era o uísque escocês, muitas vezes obtido através de contrabandistas com quem eram adquiridas caixas a preços menores do que no comércio varejista. Houve períodos em que, de acordo com o consenso do grupo, "bebia-se muito". Era uma atividade basicamente masculina. As mulheres bebiam em proporções e quantidades muito menores, sendo muito rara a cena de uma mulher bêbada, embora estar "de pilequinho" pudesse ser considerado até como algo gracioso. Agora, tomar uma "bebedeira", "ficar de porre" era um privilégio masculino. Era comum, em reuniões ou festas, alguns homens ficarem bastantes alcoolizados, necessitando de auxílio para voltar para casa. O indivíduo que sempre ficava bêbado e que se comportava mal, ficando "chato", era malvisto. Podia ser consi-

[25] Ver Geertz, 1973.

[26] Ver, por exemplo, uma discussão nessa área em Ray, 1972.

derada uma situação "deprimente". Nesses casos, se o homem fosse casado, sua mulher podia ser vista com uma certa pena, comiseração. "Nada pior do que viver com um alcoólatra" era algo constantemente veiculado entre as mulheres do grupo, enquanto os homens tendiam a ser mais tolerantes, de um modo geral. Em resumo, pode-se dizer que o álcool estabelecia uma fronteira entre os dois sexos.

A partir de 1969, intensificando-se em 1970 e rotinizando-se no ano seguinte, o uso da maconha passou a ser uma atividade importante dentro do grupo, influenciando fortemente as normas de sociabilidade e interação. É importante notar que a maior parte dos casais do grupo constitui-se, em termos de casamento, com residência estabelecida, nos anos 1968/69. Embora quase todos já se conhecessem antes e se freqüentassem, é a partir da possibilidade de poderem se reunir nas casas das pessoas, e não mais nas dos pais, que se pode entender certas características da evolução do grupo. Tratava-se então de uma série de pessoas, na maior parte recém-casadas, que passam a usufruir de sua privacidade. É a partir daí que deixam de freqüentar muito lugares públicos, como bares, para preferirem reunir-se nas próprias casas. Paralelamente a esse processo, alguns começam a fumar maconha. São homens os que iniciam esse hábito, obtendo a maconha com conhecidos. Tratando-se de uma atividade proibida pela lei, vai reforçar a tendência das pessoas de ficarem em casa nos momentos e dias de lazer, reunindo vários amigos. Como se tratava de uma atividade considerada perigosa, o fato de certas pessoas fumarem maconha juntas reforçava os laços de solidariedade, ao mesmo tempo que ia servindo para demarcar as fronteiras entre os que fumavam ou aceitavam a maconha e os que a rejeitavam. É nessa época, portanto, que os limites desse grupo ganham contornos mais nítidos. Pouco a pouco, quase todos os homens e mulheres que permaneciam freqüentando essas reuniões experimentaram maconha. Uns passaram a fumá-la regularmente, outros limitavam-se a "dar um tapa"[27]

27 "Dar um tapa": limitar-se a uma pequena tragada.

quando se encontravam em grupo. É interessante notar que, pelo menos nessa fase inicial, o uso da maconha é uma atividade grupal, sendo raro fumar quando se estava só. Assim, os padrões de consumo foram sendo elaborados dentro do grupo, em conjunto.

Em 1970, várias pessoas foram para o exterior, passando vários meses fora do Brasil. Em alguns casos, a ausência foi de mais de um ano. Foi nesse período de 1970/71, durante a permanência no estrangeiro, que, além da maconha, passaram a ser consumidos outros tóxicos. Especificamente, o ácido foi incluído, tendo conseqüências muito fortes para a visão de mundo das pessoas, como será visto nos depoimentos. À medida que voltavam para o Brasil, o ácido passou a ser difundido entre os outros membros do grupo que aqui tinham permanecido. Mas, ao contrário da maconha, grande parte das pessoas não experimentou ácido. Entre as 25, apenas 10 chegaram a ter essa experiência, sendo que cinco apenas uma vez. Os outros variaram entre três e seis "viagens", sendo que atualmente (segundo semestre de 1974) parece ser prática abandonada. As pessoas que não experimentaram ácido alegavam ter medo das conseqüências. Sabiam de casos em que "surtos esquizofrênicos" tinham sido desencadeados, alegavam que era muito forte, ao contrário da maconha, e pouco conhecido. Algumas "viagens" de pessoas do grupo foram consideradas *bad trips,* e isso impressionou a maioria. No entanto, especificamente dois membros do grupo pregavam a utilização do ácido como sendo fundamental em termos de descoberta de si mesmo e do mundo. Dentro do tema da autenticidade, o ácido, segundo eles, abria portas que permitiam "reavaliar você mesmo e as coisas". Evidentemente, isso causava forte fascínio em muitas pessoas. Todavia nem todos se impressionaram e, pelo contrário, passaram a fazer críticas a essa pregação dos dois, que muitas vezes foram criticados como chatos e insistentes. Além disso, meio jocosamente, podiam ser considerados como estando "meio pirados". O tema da *loucura,* nessa época, começa a ser mais veiculado. O uso de ácido causa um certo receio, e duas ou três pessoas próximas ao grupo entram em crise, em fase de larga utilização de drogas, especificamente ácido. Embora a maioria das pessoas afirmasse que a crise nada tinha a ver com as drogas propriamente, alguns admitiam que o ácido podia facilitar a eclosão do processo. Nessa fase, também várias pessoas iniciam tratamento psicanalítico. Muitas vezes aparecia o problema — análise ou ácido? Uma minoria afirmava a supremacia da eficácia do ácido, menosprezando a análise como um "tratamento domesticador". No entanto, de um modo geral a tendência foi, gradativamente, a maioria das pessoas começarem suas análises. Aí o que poderia surgir era a compatibilidade entre o tratamento e o consumo de ácido. No caso da maconha, o problema praticamente não aparecia, na medida em que havia um forte consenso de que não fazia mal, era um prazer inofensivo etc. Na história do grupo só havia o registro de dois casos em que o uso de maconha podia estar associado a uma situação especialmente "desagradável". Em ambos os casos, mulheres que "não estavam bem de cuca" e que estavam começando a fumar maconha tiveram uma experiência ruim. A expressão é "pintou um bode preto" ou, simplesmente, "pintou um bode".[28] Nas duas situações, as moças ficaram muito angustiadas com as sensações que estavam tendo, passando a evitar qualquer tipo de tóxico. Mas pode-se dizer que a maconha era a base comum, em termos de consumo dos chamados tóxicos, apresentando o comportamento do grupo, a partir daí, uma série de variações. Os que passaram períodos no exterior tinham experimentado o haxixe, mais difícil de ser obtido no Brasil. O ácido, como foi visto, foi utilizado por algumas pessoas com uma certa freqüência durante uma época, mas nunca chegou a ser utilizado de forma generalizada. Mais recentemente (a partir do fim de 1972), a cocaína começou a aparecer. Alguns tinham chegado a experimentar em pequena quantidade no exterior, mas não tinham adquirido o hábito devido às dificuldades de acesso. Além dos problemas de ser considerado um negócio mais complicado e perigoso, a

[28] "Pintou um bode" refere-se a uma experiência ruim com tóxico, com sensações desagradáveis e sentimentos angustiantes.

cocaína, devido a essas razões, é uma droga muito cara.[29] Para adquirir-se o hábito é necessário dispor de condições financeiras bem superiores às necessárias para consumir maconha. Assim, há um certo consenso de que só pessoas de mais posses podem dar-se ao luxo de consumir regularmente cocaína sem cair num processo de aviltamento que caracterizaria o "viciado" como é representado nos órgãos de comunicação de massa. É interessante chamar a atenção para esse ponto. O raciocínio é o seguinte: uma pessoa com poucos recursos que adquire o hábito da cocaína vai ter que se privar de outras coisas essenciais, vai deixar de comprar roupas, vai alimentar-se mal, vai depender de favores, empréstimos, vai degradar-se. Já o indivíduo com alguns recursos poderá consumir cocaína sem grandes exageros, sem deixar de vestir-se bem, apresentar-se limpo, bem nutrido etc. Não aborrecerá os amigos e nem ficará importunando as pessoas com suas necessidades e angústias. Não há dúvida de que, nesse grupo, muitas pessoas evitam a cocaína, na medida em que possa representar uma ameaça a uma série de itens altamente valorizados, como apresentar-se bem, de forma esteticamente agradável, mantendo uma certa independência. Entre alguns, poderia manifestar-se uma certa inquietação quando surgiam sinais de que alguém estivesse excessivamente "ligado" à cocaína, especialmente se fosse uma pessoa que não estivesse numa boa situação financeira. Por outro lado, o uso da cocaína introduz certo tipo de problemas antes não existente. A maconha, sendo em princípio relativamente barata, era utilizada de uma forma altamente "comunitária". Ou seja, embora fosse comprada, era normal dar-se uma certa quantidade. Indivíduos que tinham mais facilidade ofereciam, e nas reuniões havia uma circulação generosa. As pessoas pareciam se comprazer em partilhar a maconha. A própria maneira de fumar indicava isso. Uma vez que se preparava um cigarro, este circulava livremente pelo ambiente, indo de boca em boca, "fazendo a roda".

29 O preço das drogas evidentemente apresenta grandes variações. Na época da pesquisa o grama de cocaína custava cerca de 40 dólares, e o quilo de maconha, aproximadamente mil dólares.

Uns fumavam mais do que outros. Certas pessoas limitavam-se a dar uma pequena tragada, outras poderiam "não estar a fim", não fumando naquele dia, enquanto alguns poderiam fumar bastante. Já se sabia que existiam diferenças em termos de quantidade fumada e, aparentemente, isso não causava maiores preocupações. Sem dúvida, no caso dos maiores fumantes, havia uma certa preocupação de reciprocidade, mas o *tempo* desta era amplo e elástico. Já no caso da cocaína, o seu consumo era muito mais estrito e controlado. Oferecer uma "fileira de pó" era uma manifestação de extremo apreço e generosidade. Só em ocasiões muito especiais podia-se ver cocaína circulando em rodas maiores. Em princípio, era uma atividade que envolvia um número mais restrito de pessoas, havendo uma contabilidade bem mais rigorosa. Cheguei a presenciar uma vez um pequeno incidente, em que duas pessoas se acusavam de forma não muito sutil de estarem abusando uma da outra em se tratando de cocaína. Isso jamais tinha aparecido em relação à maconha. Soube que, em outros grupos e círculos, já amizades tinham sido desfeitas e brigas sérias ocorrido devido ao problema das regras de uso do "pó".

A freqüência de utilização de tóxicos apresentou não só variação no tempo, como grandes diferenças dentro do grupo. De início, um pequeno grupo de homens começa a fumar maconha; pouco a pouco, o hábito se difunde entre os outros. Alguns fumam regularmente, todo dia. Outros, apenas no fim de semana. Os primeiros passam, depois de algum tempo, a fumar mesmo quando sós, enquanto os segundos limitam-se a fumar em grupo. Uma pessoa podia fumar diariamente, dando uma ou duas tragadas, ou poderia consumir um cigarro médio no decorrer do dia. A maioria podia passar vários dias sem fumar, enquanto uns poucos poderiam apresentar sinais de aflição e angústia depois de um certo tempo. É importante lembrar que nem sempre é fácil encontrar o tóxico, mesmo a maconha. Existem épocas de grande escassez, ligadas a fases de maior repressão policial ou devido à especulação no mercado. Assim, essas pessoas não têm controle sobre o fornecimento. Em certos períodos, o fluxo é contínuo e rotineiro. Existem aqueles que vendem tóxicos como uma de suas atividades básicas. São os chamados "transeiros". Dentro do grupo estudado, três ou quatro indivíduos conheciam ou tinham contato direto com algum "transeiro". Comprando a mercadoria dele, serviam de distribuidores dentro do grupo, revendendo sem lucro ou, em certos casos, dando pura e simplesmente. Esses "transeiros" aparentemente eram pessoas de camadas médias que desempenhavam essa atividade como forma de aumentar seus rendimentos de assalariados. Por sua vez, aparentemente, adquiriam os tóxicos de outras pessoas que dispunham de mais capital. Não tenho maiores detalhes sobre a organização do mercado de tóxicos, desde que este não era o objetivo da pesquisa. Quero ainda chamar atenção para o fato de que essa não era a única maneira através da qual se podia comprar tóxico. No caso da maconha, especificamente, alguns poucos homens do grupo poderiam ocasionalmente adquiri-la com favelados em locais situados perto dos morros cariocas, em geral da Zona Sul. Essas operações eram conduzidas sempre com uma certa tensão. Embora nunca ninguém do grupo tivesse sido surpreendido pela polícia, isso já tinha acontecido com pessoas conhecidas, gerando portanto um clima de acentuada insegurança. Só alguns homens do grupo participavam diretamente desses contatos. Havia um consenso de que só indivíduos calmos, com iniciativa e "que não dessem bandeira" deveriam participar. Ser surpreendido com meio quilo de maconha, com cocaína ou ácido poderia dar vários anos de cadeia. É interessante notar que houve uma ocasião em que o carro em que viajavam três pessoas do grupo foi parado numa batida policial. Levavam no carro vários tipos de tóxicos, mas antes de começar a revista, com a apresentação dos documentos de identidade, o carro foi liberado porque uma das pessoas foi identificada como filho de família poderosa e influente. Não chegou a haver revista. Em duas outras ocasiões, carros foram parados mas a revista nada registrou. Esses fatos criavam um clima de ansiedade. Certas pessoas eram acusadas de levianas, de descuidadas, e outras negavam-se a entrar em carro sabendo da existência em seu interior de qualquer quantidade ou tipo de tóxico. Por outro lado, especialmente entre os homens, poderia haver uma certa tendência de encarar como prova de coragem e sangue-frio andar ou dirigir tendo tóxico em seu poder ou, então, estando sob o efeito de algum. Passar por uma batida na cidade ou por uma barreira na estrada, estando "muito louco", se por um lado poderia despertar acusações de irresponsabilidade, poderia, dependendo do contexto, aumentar o prestígio do indivíduo em pauta, como controlado, que sabe "transar" com fumo ou pó etc.

Voltando ao problema da freqüência da utilização de tóxicos, verifica-se que o ácido era usado com uma certa cautela. As pessoas que chegaram a utilizá-lo mais de uma vez sempre o faziam com um intervalo de alguns meses. Em apenas um caso parece ter havido uma utilização em intervalos menores, mas isso durante um período de permanência no exterior. Fazia parte do conhecimento do grupo a noção de que o ácido, quando usado com incontinência, poderia provocar "lesões e alterações cromossômicas". Isso causava preocupação, especificamente quanto a futuros filhos. Nenhuma mulher, estando grávida, tomou ácido.

A cocaína, como já foi visto, é bastante cara. Só umas pessoas consumiam-na regularmente, fora de ocasiões especiais como festas, reuniões etc. Na realidade, a partir de uma determinada época surgiu uma espécie de subgrupo em que meia dúzia tornou-se consumidora habitual de "pó". Dependendo das disponibilidades financeiras e do preço em vigor, estes poderiam "cheirar pó" diariamente ou duas ou três vezes por semana. Enquanto mais alguns poderiam ocasionalmente, quando estivessem participando de uma reunião, consumir em quantidade limitada, outros, no entanto, quase todas as mulheres e boa parte dos homens, nunca "cheiraram pó". Estes alegavam que, enquanto a maconha era inofensiva, a cocaína gerava dependência. O ácido, de qualquer forma, não era algo para utilização diária ou semanal, só podendo ser utilizado com intervalos mais ou menos longos. Contra a cocaína alegava-se que o seu uso continuado feria as narinas, além de desestimular o apetite, fazendo com que as pessoas emagrecessem, ficando mais fracas e sujeitas a doenças. Mas, como já disse, era fundamental o problema do preço, que poderia levar o indivíduo, uma vez criada a dependência, à ruína financeira e à destruição do estilo de vida tão valorizado pelo grupo. Fica claro, portanto, que enquanto a maconha era um fator bastante integrador, gerando um hábito de que praticamente todos participavam, a cocaína produzia uma certa descontinuidade, marcando diferenças de opinião consideráveis. O ácido já tinha provocado algumas diferenças, como foi narrado, mas, sendo um tóxico de utilização menos freqüente dentro desse grupo, não chegou a corresponder, como a cocaína, a uma divisão significativa. Ou seja, usar ou não a cocaína era uma opção cotidiana, ao contrário do ácido. Além disso, depois de algum tempo, quase todos concordavam que o ácido tomado em pequenos intervalos fazia mal, enquanto em relação ao "pó" havia maior conflito de opiniões.

A utilização de tóxicos não significou que houvesse um abandono das bebidas alcoólicas, mas uma reavaliação. Assim é que se considerava que a maconha combinava com vinho gelado — *rosé* ou branco. A maioria preferia não misturar, fumar e beber ao mesmo tempo. Mas numa noite podia-se começar bebendo vinho, depois fumar maconha e voltar novamente ao vinho. A cocaína combinava com uísque, havendo aparentemente menor preocupação em não misturar. Embora, em geral, tenha havido diminuição do consumo de bebida alcoólica, isso não significou um abandono. Os bebedores inveterados de antes continuavam a tomar suas bebedeiras, embora mais raramente. Houve o caso de indivíduos que afirmavam ter aprendido a gostar de vinho depois que começaram a fumar maconha. Além disso, os refrigerantes passaram a ser mais apreciados, especialmente o guaraná. Havia consenso de que fumar maconha estimulava a vontade de comer e beber coisas doces. Passou a ser habitual ter em casa, permanentemente, uma certa quantidade de doces, desde os mais sofisticados até goiabadas, bananadas etc. Em geral dizia-se que a maconha aumentava o apetite. O contrário acontecia com a cocaína, de acordo com o grupo. Desestimulava o apetite, além de tirar o sono. Considerava-se que se dormia melhor depois de fumar maconha. As pessoas que rejeitavam a cocaína diziam que sua utilização regular era autodestrutiva, sendo muito difícil de controlar. No período final da pesquisa, estava delineada uma divisão bem nítida entre consumidores regulares de "pó" e as outras pessoas. Isso não tinha levado a nenhum rompimento, mas parecia estar concorrendo para a formação de uma fronteira interna antes inexistente.

A maneira de utilizar cada tóxico era bem diferente. No caso da maconha, quase sempre as pessoas eram "iniciadas" numa reunião do grupo. Elas não se reuniam para esse objetivo declarado, mas, principalmente nos primeiros tempos de introdução do "fumo", as reuniões pareciam ter esse caráter. Tive oportunidade de presenciar uma que pareceu especialmente interessante, pois, das 15 pessoas presentes, cinco estavam fumando maconha pela primeira vez. Os mais experimentados preparavam os cigarros, davam as primeiras tragadas e passavam adiante. Eram dadas explicações didáticas de como tragar, como prender a fumaça etc. Alguns presentes não fumavam nem tabaco, tendo maior dificuldade, mas eram carinhosamente ajudados pelos outros. Os iniciantes poderiam dar demonstrações de nervosismo, revelando preocupação com suas possíveis reações, mas os veteranos procuravam acalmá-los, enfatizando que nada de mal ocorreria e que se tratava de uma sensação agradável. Ninguém foi explicitamente pressionado, mas quem não participasse poderia ter uma certa sensação de desconforto como sempre pode acontecer quando alguém está com um grupo em que quase todos estão interessados ou fazendo algo em comum. Depois de algumas rodadas e passado algum tempo, em meio a conversas amenas, alguns iniciantes começaram a dizer que estavam sentindo coisas diferentes — uma certa dormência, sensibilidade auditiva, relaxamento muscular etc. Os veteranos confirmavam já ser resultado da maconha, e havia satisfação no ambiente, as pessoas estavam sorridentes e alegres. Logo depois, uma das iniciantes começou a rir muito, dizendo que estava achando tudo mais engraçado. Outros começaram a rir, e houve comentários de que estava sendo um "ótimo barato". Mais tarde as pessoas comeram e foram dormir. Era uma estadia fora, na casa de uma pessoa do grupo. No dia seguinte, todos comentavam como tinha sido uma noite ótima, trocando impressões sobre suas sensações, havendo consenso de que tinha sido algo bom e agradável. Algumas pessoas diziam ter tido sensações pouco nítidas, e outros achavam que só tinham relaxado, não sentindo nada além disso. De qualquer forma, tinham gostado. Os mais experimentados explicavam que, na primeira vez, era difícil aproveitar plenamente, que era preciso tempo para ir aprendendo. Pessoas que tinham fumado na noite anterior pela segunda ou terceira vez confirmavam isso, dizendo que já fazia uma diferença enorme em relação à sua primeira experiência. Um veterano afirmou que, embora pudesse variar, e certas pessoas pudessem aproveitar desde a primeira vez, de um modo geral levava tempo para realmente poder apreciar os efeitos agradáveis. Portanto, havia um certo consenso de que fumar maconha correspondia a um aprendizado, com a absorção de técnicas, com a maior habilidade em distinguir sensações sendo progressivamente desenvolvida etc. Sobre isso, Jock Young (1971: 36-7), ao discutir diferentes teorias sobre os efeitos fisiológicos da maconha, expõe o seguinte raciocínio:

> "Os usuários regulares aprendem a experimentar o "barato", e esse processo de aprendizagem teria conseqüências fisiológicas. Em outras palavras, os níveis subjetivo e fisiológico estão estreitamente inter-relacionados, e os usuários, no processo de alcançar o "barato", produzem transformações no seu próprio metabolismo. Essa noção está próxima da reação traumática clássica no indivíduo, onde ele sofre subjetivamente medo, e esse medo se traduz, no nível fisiológico, em descarga de adrenalina no seu fluxo sanguíneo. Medo é um processo socialmente definido, onde o estado subjetivo do indivíduo afeta seu metabolismo e, mais ainda, o medo, como o "barato", é experimentado pelo indivíduo como um estado subjetivo que é automaticamente substanciado no nível corpóreo. Mas isso, com certeza, é apenas metade do processo. As drogas, por sua própria natureza, afetam o metabolismo do indivíduo, mas os modos pelos quais o indivíduo interpreta essas mudanças no seu organismo relacionam-se a suas próprias no-

ções subjetivas do que está acontecendo com ele. O que estou afirmando é que ocorre, no uso de drogas, um processo bidirecional: a droga altera o metabolismo do indivíduo, ele interpreta essas mudanças orgânicas em experiências subjetivas, reage de acordo com essas experiências e transforma o metabolismo já alterado. Em resumo, a experiência de drogas só pode ser compreendida em termos de uma dialética constante entre o estado subjetivo do indivíduo e os efeitos psicotrópicos objetivos da droga."

No caso estudado, encontra-se uma situação em que certas pessoas começam a ser socializadas no uso da maconha, dentro de um grupo, com a orientação de indivíduos mais experimentados que não só são capazes de transmitir técnicas, mas de interpretar as sensações físicas que os iniciantes estão sofrendo. Como foi descrito, nesse grupo há uma forte ênfase de que essas sensações são agradáveis. Trata-se de um aprendizado controlado por uma escala de valores que define o uso da maconha não só como um prazer, mas como um enriquecimento.

Howard S. Becker (1963: 48-50) descreve com detalhes o processo de aprendizagem:

> "Mesmo depois que ele aprende a técnica correta de fumar, o novato pode não atingir o "barato", assim não concebendo a droga como algo que pode ser usado para o prazer (...) O que significa isso? Sugere que atingir o "barato" depende de dois elementos: a presença de sintomas provocados pelo uso da *marihuana* e o reconhecimento pelo usuário desses sintomas e de sua relação com o seu uso da droga. Não basta que os efeitos estejam presentes; sozinhos não produzem automaticamente a experiência de entrar no "barato". O usuário deve ser capaz de percebê-los e conscientemente vinculá-los, mesmo antes de ele ter essa experiência, com o fato de fumar *marihuana* (...). O novato, ansioso para ter essas sensações, assimila de outros usuários algumas referências concretas da categoria "barato" e aplica essas noções a sua própria experiência. Os novos conceitos tornam

possível que ele localize esses sintomas entre suas próprias sensações e assinale "algo diferente" nessa experiência que ele pode remeter ao uso da droga. Só quando ele consegue fazer isso é que atinge o "barato". Só quando o novato torna-se capaz de ficar no "barato", nesse sentido, é que continuará a usar *marihuana* por prazer. Em todos os casos em que o uso continua, o usuário adquiriu os conceitos necessários para expressar para ele mesmo o fato de que está experimentando novas sensações causadas pela droga. Assim, para continuar o uso, é necessário não apenas usar a droga para produzir os efeitos, mas também aprender a identificar esses efeitos quando ocorrem. Desse modo, a *marihuana* adquire significado para o usuário como um objeto de prazer. Com experiência crescente, o usuário desenvolve uma maior apreciação dos efeitos da droga; ele continua aprendendo a entrar no "barato". Ele experimenta de perto experiências que se sucedem, certificando-se de que as antigas ainda estão lá. Daí desenvolve-se um conjunto estável de categorias que permite ao usuário, experimentando os efeitos da droga, entrar no "barato" com facilidade (...). O mais experiente pode também ensinar o novato a regular com cuidado a quantidade que fuma, para evitar sintomas altamente desconfortáveis, preservando os agradáveis. Finalmente, ensina ao novo usuário que ele "aprenderá a gostar depois de algum tempo". Ensinará a encarar aquelas experiências ambíguas antes definidas como desagradáveis, como prazerosas (...). Assim, uma pessoa não poderá começar a fumar *marihuana* por prazer, ou continuar o seu uso por prazer, a não ser que aprenda a definir seus efeitos como agradáveis e na medida em que esta se torne e permaneça um objeto que seja concebido como capaz de produzir prazer."

É evidente, então, a importância do papel do grupo. Na medida em que há uma definição positiva da maconha, os sintomas serão interpretados como agradáveis. No entanto, há uma série de problemas no caso investigado. As pessoas não estão participando de uma atividade, como certos rituais em sociedades tribais, em torno da qual existe consenso por parte de toda a sociedade. Pelo contrário, no caso da maconha, na sociedade brasileira contemporânea, há uma violenta diferença de opinião. Esses indivíduos vêm de famílias e freqüentam parte do tempo ambientes em que o uso de drogas é condenado e temido como possível causador de loucura. Logo estarão espremidos entre pelo menos duas concepções conflitantes a respeito do uso da maconha. Assim é que se pode entender que, embora na situação que descrevi a experiência tenha sido definida por todos como altamente positiva, isso nem sempre se tenha dado. Pude constatar dois casos de mulheres que viveram sua experiência com maconha como muito ameaçadora, demonstrando medo de enlouquecer. Mesmo em outras situações, pessoas poderiam dizer que estavam diminuindo o "fumo" porque não andavam de "cuca boa". Em linguagem psicanalítica, poder-se-ia falar de superego. Prefiro, no entanto, frisar que, em se tratando de uma sociedade complexa, existem diferentes concepções e versões sobre o uso de drogas, e que as pessoas estudadas estão expostas a essa divergência de interpretação, podendo ter momentos de oscilação entre uma e outra. Por outro lado, não se trata de uma simples divergência, mas de um confronto entre uma visão do problema que tem a sustentá-la a lei, a polícia, o aparato de Estado em geral, e uma outra em situação de ilegalidade, clandestinidade, pelo menos parcial, e com as dificuldades de implementação daí decorrentes. Assim, a utilização da maconha pode provocar fortes sentimentos persecutórios, e isso aparecia nesse grupo com nitidez quando algumas pessoas, em épocas de crise individual, poderiam apresentar sinais agudos de insegurança, expressos em medo da polícia, de serem surpreendidas etc. O discurso psicanalítico, mais uma vez, poderia falar de culpas gerando comportamentos paranóides. O que me parece claro é que, mesmo que exista um sistema de valores do grupo que sancione e valorize o uso de tóxicos, isso não elimina a forte pressão vinda de outras áreas, grupos e domínios da sociedade. Isso deve ser visto não apenas como exterior aos indivíduos membros do grupo estudado, mas como algo de que eles participam e vivenciam em termos biográficos. Dessa forma, existencialmente, carregam essas contradições que acarretam um inevitável grau de tensão e desgaste emocional. O grupo estudado está longe de ser impermeável. Isso se dá não só porque seus membros têm *networks* mais ou menos extensas, tendo encontros e atividades diversificados no trabalho, no contato com as famílias etc., mas porque o grupo está fortemente orientado para símbolos da cultura dominante. O estilo de vida descrito tem como uma das vertentes principais um certo tipo de consumo de luxo associado a um "aristocratismo" que se expressa, por exemplo, na valorização das famílias de origem. Não se trata, portanto, de um grupo com fronteiras rígidas, recebendo o impacto de influências externas contrárias, mas sim da coexistência, dentro do próprio grupo, de concepções divergentes que se traduzem concretamente em contradições que são vividas, pelos seus membros, em termos biográfico-existenciais. Não há dúvida de que internamente, durante o período da pesquisa, a valorização dos tóxicos, especialmente da maconha, era um dos temas básicos. É preciso, no entanto, não perceber isso como monolítico e acabado. Isso fica claro quando se examinam as diferenças internas quanto ao uso do ácido e da cocaína. O discurso utilizado pelas pessoas que recusam o uso regular desses tóxicos se apropria de categorias do discurso da cultura dominante, que condena o uso de tóxicos em geral, inclusive da maconha. Assim é que aparece o medo da *loucura*, o risco da *autodestruição* etc.

A utilização do ácido e da cocaína oferecia características bem diferentes em relação à da maconha. Em primeiro lugar, eram consumidos, quando em grupo, com menos pessoas reunidas. O ácido, na medida em que era considerado como menos conhecido, exigia a presença de uma pessoa com um mínimo de experiência para ajudar em caso de necessidade. A ajuda consistiria em conversar com a pessoa, procurando interpretar as sensações para evitar pânico ou angústia excessiva ou decidir o momento em que fosse necessário cortar a "viagem" com a ajuda de tranqüilizantes. Havia consenso de que "era uma loucura" tomar ácido estando só. Outro aspecto interessante e diferenciador é que, enquanto com a maconha as pessoas poderiam conversar horas "sobre bobagens", tendo diálogos que eram considerados engraçados, divertidos ou mesmo iguais ao do cotidiano, no caso do ácido, muitas vezes ou geralmente o indivíduo que estava viajando falava pouco ou mesmo não falava. É claro que, em termos de sociabilidade, isso tem conseqüências. O uso do ácido era mais individualizado, menos partilhado e participado. As pessoas poderiam ter sensações juntas, como ouvir música ou mesmo relações sexuais, mas a comunicação verbal era restringida. Normalmente, duas ou três pessoas tomavam ácido juntas, podendo excepcionalmente, como no fim de semana que descrevi, um grupo um pouco maior fazer a "viagem". Mais uma vez, lembro que o ácido não criava uma forma rotineira de sociabilidade, como a maconha, devido ao seu caráter considerado perigoso. A maconha poderia ser uma atividade cotidiana, enquanto o ácido sempre se revestia de um caráter de excepcionalidade, era um acontecimento. Enquanto a maconha, com o passar do tempo, de um modo geral, era consumida com muito menos tensão, o uso do ácido sempre criava uma atmosfera obviamente carregada, em que os participantes da viagem, pelo menos nas preliminares, e as outras pessoas que pudessem estar presentes demonstravam ansiedade e nervosismo. Enquanto durasse a viagem, havia a possibilidade de alguma coisa não dar certo. Houve pelo menos um caso de pessoa do grupo que teve uma experiência com ácido considerada particularmente ruim. A pessoa começou a apresentar sinais do que foi definido pelos amigos como catatonia. As horas se passavam e o indivíduo em pauta não voltava da "viagem", ficando imóvel, sem falar com ninguém, não respondendo às perguntas. O tempo que se supunha que fosse demorar o efeito do ácido foi ultrapassado de muito, e os tranqüilizantes pareceram, de início, não fazer efeito. Enfim, depois de 48 horas o efeito pareceu começar a diminuir. A pessoa pediu para se alimentar, para ir ao banheiro. No final do terceiro dia, considerou-se ultrapassado o perigo. O medo definido nessa ocasião, e que se reportava a histórias contadas sobre "viagens" malsucedidas, era de que o indivíduo não "voltasse", permanecendo para sempre naquele estado. Dizia-se que pessoas com características esquizóides deveriam ter cuidado e evitar o ácido. Assim, a utilização dessa droga foi sendo cada vez mais definida pelos membros desse grupo como perigosa e arriscada. Não chegou a ser rejeitada, em princípio, mas a maioria preferia evitá-la, embora alguns continuem colocando a importância da experiência, que "valeria qualquer risco" que seria exagerado pelo "medo das pessoas".

Como já foi mostrado, o preço da cocaína colocava limites para a sua utilização "comunitária" como no caso da maconha. É interessante que nos primeiros tempos de utilização de "pó" nesse grupo ainda houve quem tentasse utilizar o mesmo padrão da maconha em termos de doações, reciprocidade mais elástica etc. Isso no entanto foi rapidamente ultrapassado. A cocaína normalmente era utilizada ou individualmente ou em pequenos grupos. Era freqüente, numa reunião com uma dúzia de amigos presentes, por exemplo, que dois ou três se afastassem para um outro cômodo, sem dizer nada, e lá, possivelmente com a porta fechada, preparassem e consumissem suas "fileiras de pó". As conversas sobre cocaína, combinações, compra e venda, troca, planos de utilização, eram feitas de forma mais restrita e exclusiva. Como a sua utilização poderia ser bem mais regular do que a do ácido, quase cotidiana, poderia colocar-se até como alternativa, em certos casos, à maconha. Assim é que, se na maioria dos casos as duas eram consideradas como objetos paralelos, em outros casos poderiam ser consideradas como excludentes. Certos membros do grupo, sem dúvida minoria, passaram a trocar o "fumo" pelo "pó". Enquanto a maioria utilizava a maconha, basicamente, podendo ou não vir a "cheirar pó" com maior ou menor regularidade, três ou quatro pessoas, numa certa época, adotaram a cocaína como o "seu tóxico". É interessante que essa idéia poderia surgir — a de que cada pessoa deveria descobrir o *seu tóxico* e que isso fazia parte essencial do processo de utilização de drogas.[30]

30 Interessante comparar com o ritual de umbanda, em que é fundamental descobrir o seu orixá. Ver Maggie, 1975.

Estou fazendo uma diferenciação em termos de tóxicos mais ou menos "comunitários", acompanhando a preocupação de Jock Young.[31] É preciso lembrar que a maconha, embora fosse a mais "comunitária", mais partilhada, não deixava por isso de ser também consumida individualmente, como será visto nos depoimentos. Em alguns casos, fumantes regulares de tabaco diminuíram muito o seu consumo tradicional e utilizavam maconha no dia-a-dia, sós ou acompanhados. É claro que, em termos de número de cigarros, havia grande diferença. Enquanto, em termos de tabaco, uma pessoa em média podia ter o hábito de fumar pelo menos um maço de cigarros com ou sem filtro, dificilmente alguém fuma mais de um cigarro de maconha diariamente. Assim, quero frisar que a maconha, tendo fortes características de experiência de grupo, passa também a ser utilizada por parte dos indivíduos quando sós. No entanto, quando o grupo se reúne, "fumar juntos" é uma das atividades, não havendo equivalente tão geral em termos de outros tóxicos, como "cheirar pó juntos". Enquanto o uso de maconha parecia aproximar as pessoas em geral, o ácido e a cocaína poderiam marcar fronteiras internas e descontinuidades. Quando indivíduos se juntam para utilizar cocaína, em princípio estão excluindo alguém com quem não querem compartilhar. Trata-se então de uma atividade mais reservada e fechada. Criava-se uma certa auréola de mistério e esoterismo em torno do "pó" que era sublinhada pelo seu preço.

Agora, para concluir este capítulo, pretendo mostrar, através da transcrição de trechos de entrevistas, como as pessoas desse grupo expressam sua vivência com tóxicos. Foram selecionados depoimentos de indivíduos que dentro do grupo desempenhassem papéis bem diversificados em função de diferença de sexo, trabalho etc.

1. "Minha vida se transformou com o uso de tóxicos, especialmente com o ácido. Ampliou os limites de minha cabeça.

[31] Ver Young, 1971, esp. caps. 6, 7 e 8.

Agora sei até onde posso ir. Tomei ácido a primeira vez em Paris, há uns dois anos. Maconha, fumo já há três anos. Foi uma viagem muito séria em Paris. Fiquei oito horas viajando. Tomei com um amigo que já tinha experiência. A conversa era uma loucura, difícil de reconstituir. As sensações também. De vez em quando, tinha idéias muito fortes, violentas, como a de que minha mulher estava no Rio. Fui ao cinema viajando, tive que sair no meio e voltar para casa com outro amigo. No saguão do cinema comecei a chorar. Chorei muito no táxi. Em casa, tomei dois calmantes para cortar, melhorando aos poucos. Depois disso, fiz outras viagens sem problemas, sem maiores grilos. É muito bom porque dá clareza, dá um autoconhecimento. Parece análise, pelo que sei, porque não faço.

Acho que uma certa época de minha vida fui um alcoólatra. Agora estou de novo bebendo muito porque a minha vida está complicada, a cuca anda ruim. Acho que o álcool divide, enquanto o tóxico, especialmente o ácido, é uma coisa íntegra. Quando bebo, constantemente me esqueço do que fiz, enquanto com os tóxicos sempre me lembro de tudo, embora não seja fácil reconstituir verbalmente as sensações. Fumo (maconha) todos os dias, em quantidade regular. Às vezes já acordo fumando. "Pó"é mais difícil porque é mais caro, uso irregularmente, assim como de tempos em tempos tomo um ácido."

A mesma pessoa, um ano depois dessa primeira entrevista, dizia que:

"Acho que sou a pessoa que conheço que mais consome tóxico. Desde que voltei da França, há uns três anos, só deixei de fumar dois dias, quando fiz uma operação. Vários amigos não fumam mais, só cheiram "pó". Acho em geral o pó mais forte, embora tenha gente que acha que o fumo enlouquece a cabeça, enquanto o pó é uma coisa física forte. Não concordo. Eu já tive sentimentos persecutórios tomando ácido. Agora, regularmente mesmo, só transo pó e fumo. Ainda bebo muito, principalmente vinho *rosé*."

2. "O fumo transforma as pessoas. Meu irmão era uma pessoa tensa, agressiva. Deu uma relaxada. Acho que dá uma

abertura. Fumo sem grande regularidade, geralmente em fim de semana com amigos. Já fumava quando saí do Brasil em 1970. Experimentei ácido na Europa. Não quebra nada dentro de você, pelo contrário. Acho ruim as pessoas que vivem em clima de fumo, não conseguindo conversar, perdendo o interesse em outras coisas. Acho péssimo. Eu fumo, mas isso é só uma coisa de minha vida. Acho bom, é uma coisa boa que eu posso fazer. Nunca usei e não quero usar pó. Não vejo nenhuma graça."

3. "Fumo maconha há uns três anos, já tomei pó, fiz algumas viagens com ácido. Atualmente, fumo quase todo dia. Chego em casa, me fecho no escritório, ligo o ar-condicionado e acendo um charo. Parece análise, é mesmo doloroso às vezes, mas você fica menos dependente se compara com as pessoas que fazem análise. Lembro de coisas incríveis de minha infância, sensações, emoções. Atualmente, fico a mil, agitadíssimo, acesíssimo. Quando comecei a fumar, achava que embotava, anestesiava, acho que depende do estado de espírito. Atualmente, me estimula. Se as pessoas que controlam o poder experimentassem tóxicos não poderiam continuar a repressão, porque ficariam fascinadas pela experiência, pela sensação. É uma coisa tão incrível o tóxico que elas teriam que rever suas posições. Fico fazendo fantasias quando fumo, não a respeito de vida pessoal propriamente, mas sobre o trabalho, os filmes. Já tive *bad trips* com ácido — uma vez foi muito violenta, era a primeira, a experiência foi muito forte, mas outra vez, em Cabo Frio, foi pior. Era tudo intenso, demais mesmo, as cores, a sensação de medo, de abandono, lembranças intensas de infância. Tenho medo e fascínio. Não me amarro muito em pó. O fumo é bom, principalmente quando você está em grupo, com amigos. Mas agora gosto também de fumar sozinho. É diferente, outra experiência."

4. "Fumei a primeira vez em 1968 com um grupo de músicos amigos meus. Passei a fumar depois diariamente. Sentia as coisas de forma mais completa. Estava mais inteiro, com os

sentidos mais desenvolvidos. Abandonei o emprego, que passei a achar uma caretice. Com a indenização, vivi uns três meses. Descobri o corpo, os sentidos. Ia tomar banho de mar à noite, podia passar a tarde deitado na grama do Parque da Cidade, tocava bongô. Vivi os meus sentidos. Tive depois uma fase de medo, achava que ia ser preso, vivia apavorado. Diminuí o ritmo, passei a fumar menos, mas fumo sempre regularmente, embora em menor quantidade do que no começo. Fui então para a Europa. Lá tomei ácido com um amigo. Já viajei ao todo quatro vezes. É a sensação de fumo 20 mil vezes mais e com sensações diferentes. É como comer música, ver música. Exacerbação de sentidos e associações. Grande capacidade de sacar as coisas, perceber situações. Não traz nenhuma revelação, ao contrário do que esperava. Confirma as coisas. É uma experiência rica, confirma mas enriquece. Considero-me enriquecido com os tóxicos. Acho que tive uma fase de dependência com o fumo, mas superei. Hoje, fumo quando quero e se não puder não fico angustiado. Cheirei pó duas vezes, mas foi muito ruim, tive *down* e não quero me envolver com pó, pois conheço pessoas que vivem num esquema de dependência. De qualquer forma, gostei de ter experimentado, mas não me interesso muito. Acho que o meu *down* foi porque exagerei a quantidade, não sabia ainda dosar. Devo ter exagerado. Já trepei com fumo várias vezes. Quase sempre foi muito bom. Já com ácido não deu, brochei. Acho que tem mais coisa a ser dita sobre ácido. Tive uma fase em que achava não ser possível mais distinguir meus projetos de minhas fantasias. Com o ácido, voltei a ter noção de que tinha um certo controle sobre minha vida. Deu-me mais perspectivas sobre minhas possibilidades de atuação. Antes, passei por um período em que vivia sob a influência de leituras orientalistas, livros zen e Herman Hesse. Acreditava num ritmo natural das coisas e me colocava num papel passivo. O ácido mudou tudo. Percebi que eu tinha controle maior sobre as coisas."

5. "O tóxico te dá a noção de androginia, você percebe a sua androginia. É uma experiência forte, mobilizante, que te

ajuda a reagir, a superar os preconceitos e tabus que meteram na tua cuca. No meu caso, foi mesmo uma revelação. Foi tão forte que passei algum tempo sem conseguir definir o que estava se passando, eu, que sempre fiz isso. Percebi aos poucos que estava entrando em outra, as coisas que antes me pareciam tão importantes ficaram meio vazias. O importante era descobrir-se, sacar as pessoas e você mesmo. Vivi meio afastado durante algum tempo, viajei. Quando voltei para o Brasil, era como se visse as coisas pela primeira vez. Refiz a minha vida em todos os níveis — afetivo, profissional etc. Resolvi fazer análise também e acho que as coisas se juntaram. Se o analista não é um preconceituoso vai aceitar a tua transa. No meu caso, as duas coisas sempre andaram juntas. O fumo ajudou a minha capacidade de introspecção, e o ácido foi mais forte ainda. Esse material eu levava para a análise. Era rico e cheio de intuições. Transei muito ácido. Agora, há muito tempo que não viajo. Não é coisa para fazer sempre. Fumo sempre, mas não na mesma quantidade de um ano atrás. Pó é uma coisa que dá muita lucidez, clareia a cabeça, mas te excita muito. Você pode ficar dias sem dormir, se não controlar a quantidade. Eu não me considero viciado em coisa alguma. Faço o que gosto e se não puder naquela hora, naquele dia, não vou morrer por causa disso. Tem gente que se amarra em uísque, será que é um viciado? É claro que não. Agora, eu acho que o tóxico é enriquecedor, te ajuda a descobrir coisas que o álcool não dá. Como eu disse, ajuda a te situar em termos de corpo, de sexo, de sentidos. Você se sente mais completo, mais assumido, sem medo do teu próprio corpo. Já tive culpas de transar tóxicos, é aquela educação cristã, militar que eu tive. Hoje superei isso e vivo tranqüilo, sem maiores preocupações de ter que estar sempre provando coisas, que você é capaz, é competente etc."

6. "A maconha estica o tempo. Quando volto do trabalho, depois de um dia estafante, é muito difícil desligar e começar a pintar de repente. Descobri que, depois de fumar maconha, relaxo e me inspiro, e as coisas vão saindo com facilidade. Fico com mais sensibilidade para as cores, para tudo, saco melhor. O

tempo rende muito mais, os minutos demoram mais a passar, é claro que é a sensação que passa. Ajuda meu trabalho. Isso não quer dizer que só possa pintar depois de fumar, mas que o fumo ajuda a relaxar, a perceber melhor as coisas, a me descontrair, a me soltar."

7. "Comecei a fumar com os amigos. Tinha alguma curiosidade e, quando o pessoal começou a fumar, não vi motivo para não experimentar também. No começo era uma coisa meio sem graça, era engraçado ver os outros fumando, ver suas reações. Aos poucos fui aprendendo a fumar, a sentir melhor as sensações. Aprendi a gostar de fumar. É uma coisa boa, tranqüilizadora, às vezes ajuda a perceber melhor as pessoas e as coisas. Nunca fui de fumar desesperadamente. Sempre fumo com alguém, geralmente em grupo. Sozinha acho meio sem graça. Eu dou muita bandeira. Fico logo com os olhos vermelhos, as pessoas riem. Também não gosto de fumar muito porque fico com muito sono e escorno logo e acabo não podendo conversar com as pessoas. Geralmente dou três ou quatro tragadas, no máximo. Pó e ácido, nem pensar. Não é a minha."

Verifica-se que não existe consenso, conforme já tinha sido dito, em termos do tipo de tóxico e da forma de utilização. No entanto, todos enfatizam o uso de tóxico como uma forma de conhecimento, inclusive de autoconhecimento, alguns fazendo analogia com a análise. Há uma razoável ênfase nas mudanças sofridas a partir da descoberta do tóxico, falando-se inclusive em alterações de personalidade. A maconha é sempre vista como altamente positiva, enquanto o ácido e a cocaína podem ser encarados com desconfiança ou mesmo com medo. Portanto, em torno da maconha constrói-se, em linhas gerais, uma unidade, aparecendo as diferenças nos outros tóxicos. Em certos depoimentos, há uma grande insistência em torno da opção que foi feita, acentuando-se a liberdade de decisão e um repúdio vigoroso à categoria "viciado". Aparece com nitidez a crença de que o tóxico tem propriedades intrínsecas que provocam conseqüências objetivas no comportamento e na vida das pessoas em geral.

É interessante refletir um pouco mais sobre o problema da ausência de consenso existente dentro do grupo a respeito da utilização de determinados tóxicos. Durante um período de tempo, praticamente todos os membros do grupo consumiam maconha, embora em proporções e quantidades muito diferentes. O processo foi iniciado por alguns homens, difundindo-se depois para o resto das pessoas, homens e mulheres. O uso de tóxico serviu para estabelecer fronteiras. A categoria *careta* refere-se aos indivíduos que não utilizam, têm medo ou preconceito em relação aos tóxicos. Tem implicações mais amplas, na medida em que remete a uma visão de mundo, a uma atitude diante da vida. A pessoa *careta* é enquadrada, presa a horários, convencional, moralista. Mas sempre existiram diferenças internas às pessoas que utilizavam tóxico. O *marginal* poderia usar tóxico, assim como a *hiparada*, o conjunto de indivíduos que, embora usando tóxicos, tinham um estilo de vida contrastante como o do grupo em pauta, na medida em que podiam ser *sujos*, *ignorantes* ou mesmo de camadas sociais mais baixas. Existiam outros grupos que eram considerados mais próximos — *pessoas finas*, artistas, intelectuais e indivíduos de *status* social mais elevado, cuja escala de valores e estilo de vida seriam, em princípio, compartilhados. Mas o aparecimento de cocaína provoca alterações dentro do próprio grupo. Aceita-se a experiência com o "pó", mas rejeita-se a possibilidade de sua rotinização, principalmente depois de experiências menos bem-sucedidas por parte de membros do grupo, que causaram uma forte apreensão e temor na maior parte das pessoas. Os indivíduos que insistem na sua utilização e que passam a "cheirar pó" diariamente vão ocupar uma posição especial dentro do grupo. Começam a ser considerados "muito loucos", pode-se achar uma certa graça no seu comportamento, depois já se diz que estão "obcecados pelo pó" e chegam, finalmente, a ser definidos como pessoas que "querem se destruir". A categoria *doente* aparece com toda a ênfase, e inclusive pode aparecer veladamente, em momentos muito especiais, a categoria *viciado*. Esses indivíduos podem começar a incomodar, o seu comportamento já passa a ser criticado e, de certa forma, constituem um grupo desviante dentro do grupo maior. Jock Young

(1971: 82) já chamara atenção para esse problema quando, referindo-se ao caso inglês, disse:

> "Assim, para o britânico adulto de classe média, o bebedor social é o papel normal para tomar álcool, enquanto o alcoólatra é o papel desviante. Para seu filho boêmio, por outro lado, fumar *marihuana* pode ser a atividade psicotrópica normal, e o uso de heroína, o papel desviante. Ou seja, tanto a cultura "careta" como a *hippie* têm um conceito do usuário de drogas 'doente'".

Ou seja, nesse grupo continua existindo uma série de premissas e valores da cultura dominante. O problema é saber se são acionados pelos mesmos motivos. Continua presente uma noção de normalidade, de saúde e de doença que, por mais que tenha tido alterada a sua amplitude, marca o discurso do universo. Usar maconha é uma atividade aceita e definida como normal, experimentar ou usar irregularmente cocaína é aceito e pode ser valorizado. Mas o uso intenso, cotidiano, incomoda e pode aparecer como desvio. Isso, conforme já foi analisado, prende-se a alguns valores básicos do grupo. Tudo que possa pôr em cheque o ideal de uma vida voltada para o desfrute de um consumo requintado, de um comportamento de "pessoa fina" pode ser pernicioso. Segundo a hipótese de certos autores, como Jock Young (1971: 134-8), o uso de tóxicos provoca reação discriminatória na medida em que ameaça o *ethos* da produtividade e do trabalho.[32] Ou seja, só se pode ter prazer depois de ter pago um preço, um tempo *x*, uma qualidade *y* de trabalho, suor. O prazer seria uma gratificação merecida através do esforço. O que incomodaria, portanto, não seria o tóxico em si, mas a cultura do tóxico, que seria essencialmente hedonista.

No caso estudado, encontram-se características específicas, como não poderia deixar de ser. Trata-se de um grupo des-

---

[32] *Ethos*, em Young, não está sendo usado, evidentemente, no mesmo sentido que em Bateson, citado anteriormente.

viante em relação aos padrões oficiais legitimados pela lei e pelo Estado. A sua atitude em relação ao trabalho é, de um modo geral, de um moderado desprezo, a não ser que esteja ligado ao que considera ser uma expressão da criatividade individual. Nesses termos, não participa da vida social como um grupo voltado para o trabalho, para a acumulação financeira. Todavia está solidamente vinculado a um determinado tipo de consumo que exige uma certa disponibilidade financeira. Os itens de consumo, as atividades valorizadas, as fontes de prazer podem incluir, entre outras coisas, como foi visto, viagens ao exterior, freqüentar restaurantes de luxo, vestir-se com um certo requinte, ter uma casa bem decorada etc. No entanto, não se enquadram perfeitamente no que Jock Young chamou de "cultura jovem conformista".[33] Na sua história de relacionamento com as famílias de origem, isso fica bem claro com os diversos incidentes ligados ao problema de trabalho e atividades profissionais. Grande parte dos membros do grupo contrariava as expectativas dos pais, parentes etc., não tendo uma atividade regular, não exercendo a profissão para a qual tinham se preparado, tendo gastos considerados irracionais, não poupando, não aproveitando oportunidades de ganhar mais dinheiro etc. É interessante notar que, em vários casos, surge a acusação de "gastar mais do que ganha". Assim, estão tendo um comportamento que rompe acintosamente com a expectativa das famílias, nesse nível. Mas, em uma série de outras atividades, voltam-se para objetivos que estariam de acordo com os padrões dominantes. A diferença consiste em que os meios que são acionados para realizar esses valores estão muito distantes de um "*ethos* da produtividade". Dou um exemplo disso: a ambigüidade da relação com as famílias permitia que, através de empréstimos, presentes e doações, algumas pessoas obtivessem bens do tipo televisão em cores, automóvel, que normalmente não poderiam conseguir com a renda auferida em suas atividades. Evidentemente, o caráter mais ostensivamente não-conformista do grupo aparecia no con-

[33] Ver Young, 1971: 142-3.

sumo de tóxicos, de um modo geral oculto das famílias de origem. No entanto, em um ou dois casos houve situações em que parentes souberam do uso de tóxicos, provocando incidentes e mal-estar. As relações afetivas, casamentos mais ou menos instáveis, com ocasionais separações, vida sexual destoando dos padrões familiares em geral, fortaleciam a imagem de vanguarda, associada a um não-conformismo.

Basicamente, o que afasta esse grupo de um conformismo do tipo voltado para a produtividade é a forte conotação hedonista de seu estilo de vida. O uso de tóxicos enquadra-se nesse panorama, sendo mais uma fonte de prazer e gratificação, além de marcar o grupo como inovador, vanguardista, moderno etc. O abuso na quantidade e a utilização de tóxicos considerados mais "perigosos" podem desequilibrar o ideal de uma vida de "pessoa fina" que tem outros valores importantes a realizar em termos de consumo, símbolos de prestígio, *status* etc. Nesse sentido, não estariam rompendo globalmente com objetivos importantes da cultura dominante. De certa forma, reelaboram os meios para realizá-los, aristocratizando certos tipos de consumo e enfatizando, no seu discurso, o seu caráter inovador, vanguardista. Finalmente, como foi visto no caso da cocaína, exercem um controle social dentro do grupo capaz de identificar *desviantes*, manipulando categorias da cultura dominante como *louco*, *doente* e até *viciado*.

CAPÍTULO 3

Formação cultural e visão da política

Um dos objetivos básicos da pesquisa foi perceber como as pessoas do grupo definiam e representavam a vida política do país, como se colocavam diante dela, quais eram suas opiniões e posições básicas.

O grupo como um todo representava-se como progressista, inovador. Mas a maneira de especificar isso variava bastante, oferecendo contrastes evidentes.

A grande maioria falava de um passado quando havia interesse e participação política. Quase todos os homens e algumas mulheres, ou como estudantes secundários e universitários, ou como membros da "classe artística", tinham participado politicamente. Ou seja, atuaram em diretórios estudantis, órgãos de classe, participaram de passeatas, principalmente em 1968, assinaram manifestos de protesto e reivindicações etc. De um modo geral, segundo seus depoimentos, foram deixando de ter essas atividades a partir de 1969. Com a possível exceção de cerca de meia dúzia dos 25, todos os outros afirmavam ter sido "de esquerda". É interessante perceber o tempo passado do verbo, pois, como será posteriormente examinado, alguns afirmavam não ser mais "de esquerda". Mesmo as mulheres que tiveram pouca ou nenhuma participação em tais acontecimentos, definiam-se como sendo ou tendo sido "de esquerda". Nesse caso, quase todos afirmavam que na ocasião, embora concordassem, em princípio, com os protestos contra o governo, não tinham coragem de ir a uma passeata ou mesmo que eram muito comodistas para se organizarem em termos de reivindicações, exigindo um gasto de tempo, uma dedicação etc. Entre os homens, alguns diziam ter sido "meio comunistas", comportamento hoje em dia rejeitado e, às vezes, ridicularizado. Duas pessoas do grupo tinham chegado a ser presas num incidente, que era definido como um mal-entendido. Foram confundidos e passaram uma noite na cadeia. Um outro membro do grupo ficara preso vários meses numa unidade militar, tendo sido incluído num processo. Acabou sendo absolvido e foi para a Europa, onde viveu vários anos. Algumas outras pessoas chegaram a depor em inquéritos como testemunhas. Todos tinham parentes ou amigos próximos que tinham sido presos, envolvidos em processos e inquéritos etc. Um dos pais foi cassado pelo Ato Institucional nº 5. Enfim, direta ou indiretamente, tinham experiências ou conhecimento próximo de oposição ao governo ou haviam sofrido algum tipo de restrição, punição, censura, desde 1964.

A maioria lera, durante um certo período, basicamente na década de 60, literatura marxista, livros sobre a realidade brasileira, caráter social da arte etc. Entre os autores freqüentados, pode-se citar Sweezy, Baran, Caio Prado Júnior, Huberman, Nelson Werneck Sodré, Celso Furtado, Georg Lukacs, Bertold Brecht etc. De acordo com a especialidade, houve maior ênfase em certos setores. O cinema novo teve muito impacto e influência nas pessoas desse grupo, nos primeiros anos 60, com suas preocupações de crítica social. Filmes como *Vidas secas*, *Deus e o Diabo na Terra do Sol*, *Terra em transe* constituíram-se em importantes marcos de referência em termos de um processo de politização. Meia dúzia de indivíduos tiveram algum contato com o Instituto Superior de Estudos Brasileiros (Iseb), fazendo cursos ou simplesmente assistindo a conferências. Entre as pessoas ligadas ao teatro, as experiências e trabalhos do Centro Popular de Cultura (CPC), do grupo Opinião e do Teatro Oficina foram fortes influências em termos de formulações artísticas e definições político-sociais. Quanto à literatura, Jorge Amado e principalmente Graciliano Ramos foram lidos por boa parte, tendo sido importantes também, segundo as pessoas, em termos de "descoberta do Brasil".

Uma outra vertente na formação cultural desse grupo é mais ligada ao existencialismo. Assim é que Sartre, Camus, principalmente, foram autores muito lidos. Não se pode desprezar a influência sartreana em termos filosóficos, políticos e literários. Pode-se dizer que praticamente todos leram alguma coisa de Sartre, embora, de um modo geral, seus romances e peças fossem muito mais conhecidos que sua obra filosófica propriamente dita. De qualquer forma, a influência marxista sempre foi paralelamente acompanhada por forte ênfase existencialista. É importante assinalar a grande popularidade de Camus, principalmente com *L'Etranger* e *La peste*. Quanto a Sartre, as pessoas conheciam melhor e apreciavam mais a fase anterior a *Critique de la raison dialétique*. Com o correr do tempo, foi-se tornando mais marcante o interesse pelo teatro do absurdo de Ionesco e Becket, e, mais recentemente, Borges e Cortázar tornaram-se muito difundidos. Mesmo em termos de cinema, se Eisenstein e Glauber Rocha eram muito apreciados, assim como outros cineastas com preocupações sociopolíticas mais explícitas, também foram sempre importantes, dentro da escala de valores do grupo, autores como Bergman, Antonioni e Robert Bresson, menos marcados por uma intenção política. No final dos anos 60, Godard era o cineasta mais admirado. Um autor crescentemente valorizado foi Buñuel, cujo anarquismo era enfatizado pelas pessoas.

Como foi dito no primeiro capítulo, a cultura literária era importante. Existiam alguns leitores vorazes e a maioria tinha o hábito de ler romances, teatro etc. O gosto poderia variar muito, desde indivíduos com uma formação clássica, apreciadores de Stendhal, Balzac, Shakespeare, Flaubert, Sófocles, Racine, até outros que só liam literatura americana contemporânea, como Burroughs, Baldwin, Norman Mailer. Os mais nacionalistas liam muito Guimarães Rosa e, nos últimos tempos, Oswald de Andrade. Pode-se dizer que o conhecimento e o interesse pela literatura francesa eram muito marcantes. Já foram mencionados Sartre e Camus, mas podem ser incluídos na lista, como autores contemporâneos relativamente freqüentados, Malraux e Genet. O fato de muitos irem freqüentemente à Europa fazia com que estivessem até certo ponto atualizados com o seu desenvolvimento cultural, especialmente no caso da França. Como já foi dito, a viagem e estadia no exterior eram altamente valorizadas, sendo que um dos aspectos fundamentais era a possibilidade de estar em dia com a vida intelectual,cultural e artística européia. Embora houvesse algum interesse, nesses termos, pelos Estados Unidos, o foco era essencialmente a França. Isso fazia com que as pessoas mais preocupadas com a política estivessem mais ou menos em dia com a vida política francesa. É importante notar que algumas viviam ou estavam de passagem por Paris em maio de 1968, sendo que duas chegaram a ter certa participação nos acontecimentos. Ocasionalmente, poderiam chegar a ser feitas comparações entre a política na França e no Brasil, sendo que, em pelo menos um caso, era enfatizado o "subdesenvolvimento do povo brasileiro", comparado com o alto grau de politização dos franceses. Esse panorama poderia também ser reforçado quando se comparava a figura de De Gaulle, "apesar de tudo um grande estadista", com os governantes brasileiros, que seriam figuras menores. Certas pessoas, mesmo no Brasil, mantinham o hábito de ler o jornal *Le Monde*. A experiência de maio de 68 poderia ser muito acionada, em termos de vivência política, servindo como legitimação em discussões polêmicas. O simples fato de ter estado presente em Paris na ocasião podia ser considerado um trunfo. Isso está associado a uma tendência, que poderia manifestar-se em certas pessoas, de diminuírem, ridicularizarem a história do Brasil, enfatizando a "incompetência das elites" e a "inoperância das esquerdas". Um dos indivíduos que vivera, ao todo, cerca de três anos na Europa chegava a dizer, em determinados momentos de maior veemência, que "nada tinha a ver com a cultura brasileira". Ainda nesse sentido, sempre que alguém voltava do exterior, depois de permanecer fora do país mais do que um mês, era praticamente inevitável o comentário de que havia dificuldade de adaptação, e comum o sentimento de estranheza com a "sujeira da cidade", com a "feiúra e cafonice do povo".

O conhecimento de literatura mais especializada em termos de ciências sociais apresentava grandes variações. Assim é que, como foi visto, certos membros do grupo chegaram a freqüentar ou mesmo terminar cursos de ciências sociais, sociologia, história, no Brasil ou no exterior (França). Embora quase todos exercessem atividades ou desenvolvessem carreiras que não estavam diretamente ligadas a essa formação, de qualquer forma dispunham de uma certa familiaridade com o discurso e as preocupações das ciências sociais, dominando um vocabulário básico como desenvolvimento, classes sociais, distribuição da renda etc. A maioria, no entanto, era nesse nível autodidata.

Uma minoria dentro do grupo nunca teve contato com literatura marxista, podendo no entanto ter um certo conhecimento de história fatual. Havia um acentuado interesse por biografias e autobiografias de personalidades famosas, artistas, escritores de renome, como Simone de Beauvoir, Nietzche, Byron, Oswald de Andrade, Isadora Duncan etc. Era um gênero muito freqüentado, especialmente por mulheres. Assim havia um determinado tipo de informação sobre certos períodos históricos extraído desse tipo de literatura. Denotava-se claramente a preocupação com o papel dos indivíduos criadores, originais, vanguardistas.

É importante assinalar que dentro do grupo existiam indivíduos, cerca de meia dúzia, que segundo seus próprios termos "jamais tinham sido de esquerda". Nesses casos, aparecia não apenas um desinteresse pela política propriamente dita, mas também antecedentes de atuação pelo menos conservadora. A grande maioria dos pais era de antigos eleitores da União Democrática Nacional (UDN), em certos casos inclusive com destacada militância partidária. Duas pessoas do grupo, pelo menos, acompanharam a posição paterna, durante muito tempo chegando a votar em candidatos da UDN.

Aceitando o movimento de março de 1964 como importante divisor de águas, verifica-se que, das 25 pessoas, pelo menos 20 declararam ter sido contrárias ao movimento, e apenas as duas citadas anteriormente foram a favor. Os outros três teriam na época posições indefinidas.

No período imediatamente anterior à derrubada do governo Goulart, quase todos os homens e algumas mulheres tinham já uma certa participação política. Nessa época, a maioria tinha entre 19 e 20. Como já foi assinalado, muitos eram oriundos de famílias católicas e militaram durante algum tempo em organizações como a Juventude Estudantil Católica (JEC), a Juventude Universitária Católica (JUC) etc.[34] Além disso, houve participação nos movimentos de alfabetização como o Movimento de Educação de Base (MEB). Posso dizer que pelo menos seis indivíduos, entre homens e mulheres, tiveram uma participação política ligada a organizações católicas. A maioria, nesse período terminando o secundário ou começando a universidade, teve uma atuação limitada aos grêmios e diretórios. Boa parte estava associada a atividades culturais como cineclubes, grupos de teatro, jornais literários, mas, de uma forma ou de outra, tiveram uma atuação política mais ou menos constante desde 1962. Muitos citam a renúncia de Jânio Quadros em 1961 como fato histórico detonador de uma preocupação de participação política. Quase todos que nesse episódio já tomaram algum tipo de posição declararam-se a favor da posse de Goulart. Pode-se dizer que, em linhas gerais, nessa fase essas pessoas estavam divididas entre aquelas mais ligadas à esquerda católica, mais ou menos influenciadas pelo marxismo, leitoras de Emanuel Mousnier, Calvez, Henrique Vaz etc., e outras, sem raízes católicas mais marcantes, também influenciadas pelo marxismo. Entre estas, algumas estariam mais próximas da linha do Partido Comunista do Brasil (PCB), mas em sua maioria eram independentes, franco-atiradoras e, de acordo com o seu próprio discurso, "altamente individualistas". Dessa forma, parece-me claro que, entre as pessoas que chegaram a ter uma atuação política ligada a grupos organizados, predominavam esmagadoramente os de origem católica. De qualquer forma, depois de 1964 a tendência foi, progressivamente, o afastamento dessas organizações. Quando ocorrem as passeatas e manifestações de 1968, há um recrudescimento de interesse pela vida política, mas sem vinculações a qualquer tipo de organização, católica ou não. O que dessa vez acontece é que as pessoas vão manifestar-se mais ligadas aos seus grupos profissionais — artistas, professores etc. A maioria dos membros desse grupo, na ocasião, ou já não estava na universidade, ou estava terminando. Em-

---

[34] Ver sobre organizações católicas brasileiras o trabalho de De Kadt, 1970.

bora alguns tenham participado das manifestações ainda como estudantes, praticamente não se identificavam com a categoria *estudante*, mas com *artista*, *intelectual* etc. Quase todos os homens estavam já em processo de profissionalização, começando a carreira. É o cineasta que tem sua primeira experiência de assistente num longa-metragem, tendo acabado de fazer seu primeiro curta, é o crítico que vê seus primeiros artigos publicados em jornal ou é o estudante de economia que está para se formar, mas que já tem um emprego fixo com perspectivas de um bom salário no fim do ano etc. Quase todos os membros do grupo que se definiram como participantes dos acontecimentos de 1968 no Rio de Janeiro estiveram presentes pelo menos a uma assembléia de "artistas e intelectuais", compareceram a umas duas passeatas, assinaram um manifesto. Os que ainda eram estudantes foram a várias assembléias estudantis e participaram de várias passeatas e manifestações. Quase todos participaram, especificamente, de um acontecimento — o enterro do estudante Edson Luís — vivido como uma experiência extremamente marcante.

É importante chamar atenção para o fato de que várias pessoas do grupo estudado no período 1972-74 já se davam e eram amigas em 1968, e algumas já em 1964. Isso sem mencionar os parentes, como irmãos, primos etc. Assim, várias dessas experiências foram vividas em conjunto, alguns estiveram em passeatas lado a lado, viram-se participando de assembléias, discutindo etc. Assim, não só a maioria dos membros do grupo estudado teve uma experiência de participação política, mas muitos tiveram essa experiência *juntos*. Vários dos conhecimentos que deram origem às amizades se travaram nessa época, enquanto havia uma preocupação e um comportamento políticos assumidos e valorizados. É nesse período também, especialmente por volta de 1963-65, que são registrados nas biografias dos membros do grupo os grandes conflitos e choques com suas famílias de origem. É justamente através das diferenças de concepções e comportamentos políticos entre a geração dos pais, especialmente, e a dos filhos que vão delinear-se essas divergências. Como já foi dito, grande parte dos pais era udenista, sendo que alguns eram políticos. Entre as famílias católicas, a maioria era frontalmente contrária ao governo Goulart e temerosa de uma ameaça do comunismo. Portanto, as diferenças e divergências existentes ao nível da política nacional vão ser trazidas, na grande maioria dos casos, para o cenário familiar. Isso não se dá sempre. Em certos casos, os filhos acompanham os pais udenistas. Em outros, os pais, embora em minoria dentro do universo estudado, eram a favor do governo deposto. Pelo que pôde ser verificado entre os 25 indivíduos estudados, no máximo em meia dúzia de casos teria havido uma posição comum de pais e filhos diante do movimento de março de 1964.

Entre 1964 e 1968, há alterações substanciais. No caso dos filhos e pais udenistas, surge o problema da Frente Ampla, inclusive com a cassação e marginalização de políticos udenistas, desenvolvendo-se uma oposição ao governo também nesse meio. Por ocasião dos acontecimentos de 1968, nenhum membro do grupo pesquisado estaria a favor do governo, segundo os depoimentos. No máximo, o que se poderia encontrar de diferente nesse panorama era uma relativa indiferença em uns dois ou três casos. Essa situação contrasta com 1964, quando não só são encontradas pessoas simpáticas ao movimento de março, mas, em pelo menos um caso, uma ativa participação.

Embora seja impossível fixar uma data, devido às grandes diferenças quanto ao tempo de conhecimento, parece não haver dúvida que 1968 foi um ano importante na formação e constituição desse grupo. Vários já eram amigos, muitos se conheciam anteriormente, mas é nessa época que são encontradas referências freqüentes, no discurso do universo pesquisado, ao estabelecimento de hábitos de encontros regulares. Isso, sem dúvida, é possível devido ao fato de que algumas pessoas estavam se casando, estabelecendo-se em suas casas, tendo condições de receber os amigos sem maiores problemas e dificuldades. É a ocasião das *networks* de marido e mulher se cruzarem, constituindo a *network* do casal. Uma das características importantes do grupo é a intensa participação comum do casal em atividades sociais. A vida social, visitas, encontros, vai-se tornando cada vez mais valorizada, progressivamente a política vai deixando de ser um tema dominante nas conversas e preocupações dos encontros. As atividades artísticas, por sua vez, vão relegando a segundo plano as intenções políticas. Os filmes feitos ou simplesmente planejados, as peças escritas ou selecionadas, as composições musicais tornam-se mais intimistas, há maior preocupação com experiências formais etc. Há, de acordo com o discurso do grupo, uma *desilusão* e *desencanto* com a participação política. De um lado, enfatiza-se o fracasso das esquerdas, sua incompetência e incoerência. Especificamente, é fato importante, cada vez mais mencionado, a incapacidade de prever o movimento de março de 1964. Nesse caso, o principal alvo de ataques era o Partido Comunista Brasileiro, o "Partidão". Enfatizavam-se sua burocratização, envelhecimento, corrupção. Eram dados numerosos exemplos da cegueira dos comunistas, de seu triunfalismo às vésperas do movimento de março. Por outro lado, cada vez mais são criticados e denunciados o autoritarismo e os métodos totalitários das esquerdas em geral e dos comunistas em particular. Nessa área, o problema da censura na União Soviética era sempre veiculado, como demonstração da intolerância marxista. Ser marxista passa a ser, progressivamente, um estigma, principalmente se vem acompanhado de alguma preocupação de participação política mais efetiva, constituindo-se em demonstração insofismável de "caretice". Fatos anteriores a 1964, assim como outros acontecimentos até 1968, são reinterpretados, aparecendo como indícios das táticas manipuladoras dos comunistas, "que enganavam as pessoas, usavam-nas sem maiores problemas". As pessoas se sentiam manipuladas e irritavam-se ao pensar que poderiam ter sido "massa de manobra" em determinados momentos de suas biografias. Como já foi dito, durante uma certa época todas as pessoas do grupo são contra o sistema instaurado no país em 1964. Mas paralelamente vai-se desenvolvendo uma repugnância pela política em geral, por políticos, partidos etc. Assim, evolui-se de uma oposição de esquerda ao governo para uma posição de rejeição tanto do governo quanto da própria esquerda, especialmente a marxista e o PCB. Fatos na área internacional são também citados em termos de uma desilusão política. Fidel Castro tinha sido, durante o início do processo de politização dessas pessoas, um verdadeiro herói. No final da década de 50 e início da de 60, apareceu como uma figura extraordinária, cercada de uma auréola de romantismo. Com o passar dos anos e a instalação do novo regime em Cuba, a imagem de Fidel vai-se esboroando. Os fuzilamentos, as medidas de natureza repressiva e, crucial dentro da escala de valores do grupo estudado, a censura às obras de arte e à vida cultural minam a admiração anterior, transformando-se em ressentimento e hostilidade. A saída de Che Guevara de Cuba e a sua morte na Bolívia também se constituem em severos golpes, reforçando a idéia de impotência. A União Soviética, juntamente com o PCB, são cada vez mais desprezados, considerados como negação de qualquer idéia real de progresso. No caso da China, por ocasião da Revolução Cultural, a violência do movimento e a destruição de obras de arte também concorrem para um desencanto do grupo. A China passa a ser vista como sinônimo de intolerância e dogmatismo, avessa à liberdade individual. O Vietnã constituiu-se durante muito tempo no único fato da política internacional que mobilizava e provocava algum entusiasmo, embora não fosse participado por todas as pessoas do grupo, na medida em que a violência, de uma forma ou de outra, era julgada negativamente. Finalmente, a aproximação entre Estados Unidos e China, o entendimento havido entre os dois países, serviria para reforçar a crença de que o cinismo imperava na política e que as diferenças ideológicas eram secundárias e "que a única realidade era o poder". O episódio da "primavera de Praga" é a gota d'água definitiva no julgamento da União Soviética. A posição do PC francês em maio de 1968 era considerada oportunista e covarde, confirmando a imagem negativa do marxismo e dos comunistas.

É interessante perceber que certos julgamentos políticos, opiniões e tomadas de posição dessas pessoas poderiam parecer muito radicais, na medida em que rejeitavam conciliações e acordos do tipo EUA e China ou PC francês e gaullismo. Realmente, nas biografias de certos elementos do grupo, principalmente entre 1964 e 1969, aparecem momentos de grande simpatia e identificação com movimentos e posições mais "à esquerda" do PCB, como trotskismo, maoísmo, guevarianismo etc. No entanto, são momentos bastante rápidos e fugidios, não passando de namoros rapidamente desfeitos com decepções em torno do autoritarismo, moralismo, dogmatismo, sectarismo das ditas posições. Um fator que quase sempre aparece para dificultar o relacionamento dessas pessoas com a esquerda em geral é o tema da liberdade de criação. Como foi visto, há vários artistas, intelectuais, além de pessoas apreciadoras da arte e da vida cultural em geral no universo estudado. As expectativas em torno dos aspectos políticos da obra de arte ou da criação cultural em geral apareciam como estreitas e totalitárias. Assim, alguns revoltaram-se ao ver seus trabalhos criticados ou desvalorizados porque não teriam "suficiente conteúdo político". O "moralismo esquerdista" aparecia como intolerância e caretice. Na medida em que se firmavam como fundamentais na escala de valores desse grupo a desrepressão, a procura da autenticidade, "aprender a ser livre" etc., a subordinação a orientações ou pontos de vista de natureza mais autoritária ou dogmática era rejeitada enfaticamente. É nessa linha que aparece uma noção fundamental — *não existe a possibilidade de uma revolução ou transformação social sem que haja uma revolução ou transformação individuais*. Esta sim é que era meta prioritária, e o grande erro do marxismo ou da esquerda em geral seria ignorar a dimensão pessoal, subjetiva, recuperada pela psicanálise e pelo existencialismo. Portanto, a valorização do indivíduo aparecia como impossível de ser conciliada com os métodos e meios dos grupos de esquerda. Voltarei a isso mais adiante.

A outra dimensão fundamental para compreender as mudanças de atitude e comportamento do grupo diante da política é, sem dúvida, o medo da repressão. Isso, inclusive, aparece com clareza em alguns depoimentos, como será visto. As experiências traumatizantes de pessoas conhecidas, a prisão de um dos membros do grupo que permaneceu detido durante vários meses numa unidade militar, as notícias e informações que corriam sobre violência repressiva, tudo isso levou a criar-se um clima de temor a insegurança. A ida constante à Europa permitia às pessoas receberem informações sobre esse tipo de fato, o que aumentava a ansiedade. Pouco a pouco, desenvolveu-se um sentimento de afastamento quase que instintivo de qualquer assunto ligado à política brasileira. Durante um certo período ainda se comentavam com freqüência episódios ligados à dita repressão, mas isso passou a ser tabu depois de algum tempo, sendo evitada qualquer referência. O tema agora era definido como "bode", sendo considerada "chata" a pessoa que insistisse em mencioná-lo. Assim, indivíduos que antes faziam parte das relações passaram a ser evitados, na medida em que insistiam "deselegantemente" em verbalizar suas preocupações com esse tipo de problema. Cultivou-se cada vez mais o gosto por conversas amenas ou discussões culturais mais desligadas de uma vinculação com a realidade política brasileira.

É evidente que a rejeição da esquerda e o sentimento de medo e insegurança se somam, sendo difícil, em determinados momentos, distinguir as duas variáveis que assinalei. O sentimento de animosidade em relação à esquerda pode se agravar à medida que esta passa a ser responsabilizada pela violência da repressão. Ou seja, os "porras-loucas esquerdistas", com suas ações contra o regime, fazem com que sejam tomadas medidas repressivas que atingem pessoas que "nada têm a ver com isso". Sem dúvida, esses sentimentos eram ambíguos. Poderia aparecer uma admiração pela coragem pessoal e o desprendimento de indivíduos que arriscavam suas vidas em nome de suas convicções. Mas cada vez mais solidificava-se a sensação de que esses comportamentos eram causa do clima de insegurança, justificavam as medidas repressivas e, especificamente, a censura. Nessa linha de pensamento, eram enfatizadas a leviandade e a inconseqüência de "aventuras esquerdistas" que punham em risco a segurança das pessoas. Há vários tipos de conflitos dentro desse processo, não só com outras pessoas e conhecidos mas mesmo dentro do grupo. Em diferentes momentos, diante de certos problemas concretos, podem ser acionadas acusações de covardia, comodismos e "aburguesamento". Mas, como já foi dito, a tendência foi progressivamente a política deixar de ser um assunto relevante, passando a ser uma preocupação marginal que poderia aflorar em circunstâncias muito específicas. É claro que, dentro do grupo, um ou outro indivíduo manifestava com mais freqüência algum tipo de interesse, mas era normalmente alvo de brincadeiras e ironias que desestimulavam a persistência ou o aprofundamento da preocupação. Sem dúvida, era um mecanismo desenvolvido que permitia manter a ansiedade das pessoas em um nível razoável. Uma das maneiras de essa ansiedade manifestar-se era quando, no decorrer de crises pessoais mais agudas, apareciam fortes sentimentos persecutórios, como um medo acentuado da polícia. Sem dúvida, o uso de tóxicos, como atividade clandestina, dava um tom especial a esse temor e insegurança. É interessante refletir em torno da espécie de opção feita pelos indivíduos em pauta e que cria questões interessantes sobre o problema do medo. O uso crescente de tóxicos, sem estar em relação mecânica, é paralelo a um decréscimo de interesse e participação políticos. No entanto, no momento em que se envolviam em uma atividade ilegal, transgredindo as normas dominantes, corriam o risco também de serem alvo de repressão, e isso era permanentemente conscientizado pelas pessoas, isto é, sabiam perfeitamente que poderiam ser presas, condenadas etc. Recua-se, portanto, de uma contestação política, mas sem que isso signifique uma posição de total conformismo com as normas e regras dominantes. Ou seja, a possibilidade de sofrer sanções por parte das autoridades permanece. É claro que se pode discutir a diferença na natureza da repressão da contestação política e na do uso de tóxicos. Não estou, inclusive, interessado em discutir se uma é mais violenta do que a outra. O que friso é o fato de em uma e outra as pessoas estarem desempenhando papéis desviantes sujeitos a repressão. Por outro lado, é preciso relativizar também o que se entende por contestação política. Um dos pontos essenciais da minha exposição reside justamente em mostrar a dimensão política do comportamento desviante, do uso de tóxicos especificamente, enquanto expressão de uma divergência em termos de visão de mundo que se concretiza em determinadas relações de poder.[35] Nesse nível, tratar-se-ia de uma política do cotidiano onde os atores não estariam necessariamente representando suas ações ou comportamentos como políticos. Quando é dito, portanto,

[35] Ver Velho, 1974b.

que as pessoas se afastam e repudiam o mundo da política, isso se refere a uma representação específica do que seja política. Isso ficará mais exposto nos depoimentos do universo.

Portanto, verifica-se que a dimensão do medo é fundamental para entender-se a mudança ocorrida no comportamento dessas pessoas com o passar dos anos, mas isso não pode ser entendido como um simples processo de acomodação. Assume-se um determinado tipo de desvio que implica, obviamente, em uma escala de valores e um estilo de vida muito diferentes do que seria associado a uma contestação política propriamente dita, ligada a uma tomada de posição sistemática e racionalizada contra o governo ou o regime. O que vai aparecer com nitidez é uma negação da validade e da importância de uma preocupação política, o desinteresse pelas discussões, polêmicas etc. referentes aos acontecimentos que antes tinham a capacidade de mobilizar e emocionar as pessoas. Há uma mudança de foco das preocupações, uma alteração da direção dos interesses, de certa forma um remapeamento da realidade. O processo desse remapeamento não é simples e mecânico, mas envolve idas e vindas, ambigüidades, crises e contradições. Justamente estou querendo mostrar a complexidade da visão de mundo desse grupo de adultos jovens da Zona Sul do Rio de Janeiro, procurando, na medida de minhas limitações, dar uma idéia razoável de sua riqueza. Embora em certos momentos uma certa simplificação seja inevitável, preocupa-me o fato de correr o risco de uma excessiva esquematização. Por isso chamo atenção para o fato de que há uma evidente diversidade dentro do grupo que, sem dúvida, apresenta certas linhas e traços comuns que me permitem representá-lo como grupo e fenômeno de significado sociológico. Mas, ao fazer isso, considero essa variação individual como importante dado sociológico e cultural, e não apenas uma concessão que a ciência social possa fazer a uma problemática individual, variações de personalidade etc. Cumpre notar o fato de que esses indivíduos estão expostos a diferentes visões de mundo concorrentes, paralelas, divergentes etc., ao mesmo tempo que suas biografias se passam em diferentes domínios da realidade que não guardam necessariamente uma coerência mecânica entre si. Admito, portanto, que essa "multiplicidade de realidades" de que falam Berger e Luckman, juntamente com a complexidade de uma sociedade altamente estratificada, com classes sociais, culturalmente muito diferenciada constituem as bases sociológicas da variação individual encontrada.[36] Parece-me, por exemplo, que as diferenças em termos de experiência religiosa, mística, são muito importantes para explicar certas variações nas avaliações subjetivas do uso de tóxicos. Partindo de minhas observações, penso poder afirmar que as experiências mais intensas no uso de tóxicos foram vividas por pessoas que foram socializadas em ambientes e famílias com uma vida religiosa mais marcada. Observei que esses indivíduos tinham mais facilidade em vivenciar as experiências de rompimento do cotidiano que o tóxico pode trazer e que aparece no discurso do grupo. A violência e intensidade relativamente maiores das experiências dessas pessoas me parecem ligadas a um fascínio pelo transe acompanhado de um forte sentimento de culpa. Da mesma forma, a existência ou não de uma experiência anterior ou paralela com a psicanálise era diferenciadora em termos das interpretações que poderiam ser dadas aos efeitos dos tóxicos. Assim, umas pessoas enfatizariam mais as qualidades ou propriedades intrínsecas ao tóxico, enquanto outras estariam mais preocupadas em chamar a atenção ou perceber os estados de espírito, a receptividade, a abertura ou fechamento, as ansiedades das pessoas que utilizam o tóxico, privilegiando portanto o indivíduo e não o tóxico.

Em termos propriamente políticos, ter ou não uma vivência de participação em algum tipo de associação, fosse um grupo católico organizado ou simplesmente uma participação mais ativa e sistemática em diretórios, grêmios etc., era importante na diferenciação interna do grupo. As pessoas que não tinham tido ou tinham tido pouco contato com esse tipo de experiência manifestavam menos ansiedade ou culpas quanto ao atual abandono ou desinteresse pela vida política. Nesse contexto, em certos

36 Ver Berger & Luckman, 1974.

momentos em que alguém pudesse manifestar um interesse ou se expressasse com maior veemência sobre algum fato político era sistematicamente alvo de brincadeiras como "você é um velho comunista" ou "você não passa de um agitador esquerdista" etc. Como já foi mencionado, isso era uma forma de exercer um controle sobre o nível de ansiedade do grupo, sendo a ironia, portanto, importante mecanismo.

***

Passo agora a transcrever trechos de entrevistas mais diretamente ligados à visão da política que ilustram vários pontos que têm sido mencionados até agora.

1. "Eu fui marxista, pelo menos achava que era. Li muito — Marx, Engels, Mao, Trotsky e Brecht. Em termos de Brasil, Caio Prado, Celso Furtado, Nelson Werneck Sodré. Nunca pertenci a nenhum partido, namorei um pouco uma certa época mas me desiludi com a caretice e intolerância reinantes. Tudo muito moralista, castrador. Como homem de teatro, claro que Brecht foi e é muito importante para mim, mas ele era um grande artista, inimigo da intolerância, foi vítima do stalinismo. Veja também Maiakovski. Tenho horror a arte dirigida, cultura dirigida. Para mim não há diferença entre um coronel de direita e um coronel de esquerda. A intolerância e o autoritarismo são os mesmos. O que vale para mim atualmente é a tua liberdade individual, assumida, vivenciada corajosamente. É preciso ter coragem para assumir a vida da gente, sem tutelas políticas. No fundo as pessoas querem um pai que lhes diga o que devem ou não devem fazer. O momento da verdade em que você está sozinho, diante de você mesmo, é esse momento de que as pessoas têm medo e se protegem com capas — comunista, fascista, marxista, liberal, sei lá. Essas coisas hoje em dia não me interessam, não me emocionam. Estou preocupado em me conhecer, sem subterfúgios e facilidades. Para isso, os chamados tóxicos têm me ajudado, assim como a análise. Agora posso perceber como eu funcionava com esquemas, rotulando as pessoas e,

mais importante, me rotulando. O que significa ser 'de esquerda'? Algumas das pessoas mais reacionárias e intolerantes que conheço se apresentam como sendo de esquerda, como cartão de visita. Não estou mais nessa há muito tempo."

2. "No tempo de estudante, participei moderadamente da vida de diretório, aquelas confusões de política estudantil. Acho que me consideravam ampliação. Sei lá, era contra, como sou até hoje, contra esse governo. Só que naquele tempo eu estava naquela de mocinho e bandido. Achava que ser marxista, comunista, sei lá, te dava um caráter especial, sei lá, um valor. Depois fui aprendendo. Depois de ter sido enrabado algumas vezes pelos comunas da faculdade, fui ficando mais escolado. Achavam que todo mundo era babaca, trouxa. Mentiam descaradamente, tudo como político do interior, a mesma safadeza. Só que eles falavam de ideais nobres, o povo, proletariado, o cacete. Não era de ler muito marxismo, não tinha muito saco. Mesmo assim, andei lendo umas coisas. Mas quando me apareciam pela frente aqueles garotos ensebados, aquelas meninas idiotas com conversas de participação e se vendo no direito de te julgar, fui me enchendo. Aquelas brigas entre os grupos de esquerda eram ridículas, e como eles levavam a sério, brigavam por causa de qualquer besteira. Era aquela fofoca interminável. No final, ninguém mais sabia com quem era a briga. No começo entrei naquela. Estava revoltado com os milicos, com a repressão etc. Participei de passeatas, manifestações, assembléias. Durante uns dois anos levei vida de estudante participante. É claro que nunca fui de não fazer outra coisa. Queria ir à minha praia de vez em quando, me divertir, ver outras caras. Quando eu deixava, por algum motivo, de não ir a uma daquelas reuniões, me torciam o nariz, faziam cara feia, davam até broncas. Eu, no começo, fazia as coisas com a maior seriedade. Mas aquelas reuniões eram uma perda de tempo, falavam horas sobre as coisas mais óbvias, que todo mundo já sabia. Fui começando a faltar, a descurtir. As pessoas também começaram a me descurtir. Falavam mal de mim, que eu era um pequeno-burguês, alienado, aquelas conversas. Quando saí da faculdade nunca mais quis

saber dessas coisas. Hoje em dia, vejo que aquelas pessoas estavam meio perdidas, muitas eram bem-intencionadas como eu, mas tudo muito desorientado. Sempre tem uns espertos que se aproveitam das boas intenções dos outros. No fundo, estão a fim de faturar alguma coisa — dinheiro, mulher, prestígio, poder, facilidades. Não me considero mais de esquerda. Sou capaz de reconhecer as coisas boas que o governo faz, o país tem progredido muito. Não adianta tapar o sol com a peneira. É claro que tem repressão, polícia, aquelas coisas que todo mundo sabe. Mas, e na Rússia, Cuba, China, Polônia, também não tem? Olha aí o Soljenitzyn. O Stalin já morreu há muito tempo, e isso continua acontecendo. Sempre que a gente fala nisso, os comunas dizem 'mas isso foi no tempo do Stalin, hoje não é mais assim'. Pura conversa. Continua a mesma merda. Tem gente à bessa louca para sair de lá para vir para o podre mundo ocidental, capitalista. Eu sou um liberal, acho os Estados Unidos um grande país, meio cafona, mas veja a liberdade deles. Papéis do Pentágono, Watergate, todo mundo metendo a lenha no Nixon, na CIA. Onde é que isso pode acontecer? É claro que essa história toda de gravações é brincadeira de criança perto do que fazem em outros lugares. Mas lá a turma briga, fala em Constituição, e as coisas funcionam mesmo. Vão acabar botando o Nixon para fora. Gosto muito da Inglaterra, de Londres, uma terra civilizada, de gente civilizada. A gente nunca vai chegar lá. Sou meio racista, hoje em dia. Coisa de português e de negro não pode dar certo. Não estou brincando, nunca falei tão sério. América do Sul não dá pé. É claro que acho que isso que está aí tem que mudar, mas não para cair nas mãos dos esquerdinhas. Tem gente boa no governo, as coisas vão mudar aos poucos, todo mundo honesto sabe que já melhorou muito a situação."

3. "Nunca participei de política. Sempre, quer dizer, desde os 15, 16 anos, me considerava pessoa progressista, de esquerda. Andava com pessoas assim, muito marxistas. Nunca me preocupei em saber se era ou não marxista, não tive e não tenho conhecimento adequado para isso. A política sempre foi uma

coisa meio distante, que eu pegava meio de tabela. Eu ia muito àqueles shows de música popular, ia ver o CPC, o teatro de Arena, filmes, época do Paissandu. Até que tive vontade de ir a passeata, mas não tinha coragem, sempre ficava com medo de morrer, de apanhar. Nunca tive suficiente convicção para arriscar a minha pele. Se eu fosse homem, talvez fosse diferente, não podia demonstrar medo, aquelas coisas. É claro que sou inteiramente contra essa situação brasileira, mas isso não quer dizer muita coisa. Sei que sou contra, mas não sei exatamente de que sou a favor. Conheço pouco, mas não simpatizo com as coisas da Rússia, China. Agora, é claro que aqui as coisas estão perto e te ameaçam mais. Conheço várias pessoas que entraram pelo cano, que apanharam, ficaram presas, perderam emprego, que foram muito perseguidas. É evidente que sou contra qualquer governo que faça ou permita isso, seja de direita ou de esquerda. Mas eu nunca fiz e não faço nada para mudar isso. Pode ser pura covardia, comodismo, mas não faço mesmo. Quero viver com a maior tranqüilidade possível, sem grandes sobressaltos e terrores noturnos, como algumas pessoas que conheço. Enfim, gosto de minha vida e não quero correr riscos em nome de coisas bonitas mas distantes paca."

4. "Sou de esquerda, no sentido de ter uma posição crítica diante do capitalismo, de me considerar um socialista, embora não possa mais me considerar marxista. No meu caso, inclusive, não fiquei apenas nos livros, na teoria, fiz vida política em diretório, participei de campanhas eleitorais, fiz comício em subúrbio. Escrevi artigos em jornais de faculdade, denunciando os males do capitalismo e da sociedade brasileira. Transei com vários tipos de esquerdista, fui meio comunista. Entrei pelo cano, sofri muito, tive que viver fora muito tempo. Vi a política em outros países, sempre me interessei, me interesso até hoje. Mas a minha perspectiva pessoal se alterou muito com os anos. Não tenho mais aquela disposição, desprendimento. Tenho agora noção dos riscos que corri, valorizo mais a minha vida, burguesa, confortável, sem grandes romantismos. Desenvolvi mais as minhas antenas para os meus sentimentos, minha vida

interior, minhas relações com as pessoas. Estava tão voltado para os grandes problemas do Brasil e da humanidade e completamente cego e insensível para as minhas dificuldades básicas de relacionamento com os outros e comigo mesmo. A solidão do exterior me obrigou a repensar muita coisa, a valorizar coisas que estavam ao meu lado e que eu não sacava, ignorava. Não resolvi as minhas dificuldades, os meus problemas, mas hoje eu enfrento eles com a análise, com a minha sensibilidade menos embotada.

Não tenho fórmulas para resolver os problemas brasileiros, achava que tinha. Acho que o meu trabalho profissional não vai mudar nada significativamente, mas, pelo menos no meu setor, posso contribuir modestamente para que haja uma certa preocupação com justiça social, problemas sociais etc. Acho que a sociedade capitalista está novamente em crise e que muita coisa vai mudar no mundo e no Brasil, mas não haverá necessariamente revolução, essas coisas. As variáveis são tantas que não dá mesmo para prever. Desconfio muito das certezas, dos dogmatismos, talvez porque eu mesmo tenha sido muito dogmático e certo das coisas. Desconfio muito das motivações das pessoas. Sei que existem caras idealistas, puros etc., mas tenho visto tanta sacanagem, sujeira, que fiquei cético, talvez até meio cínico. Mas a realidade, para mim, hoje em dia é fundamentalmente o poder. Poder quer dizer força bruta mesmo. Ter ou não ter tanques, canhões. Essa é a realidade, e as outras coisas giram em torno disso. O poder pode corromper, mas não acho que seja inevitável, mas geralmente corrompe. Eu vi e senti o poder de perto, sei o que é você se sentir impotente, esmagado, controlado. Ter ou não ter poder, isso é fundamental. Claro que eu prefiro que o sujeito que eu gosto, que é meu amigo, tenha poder. Prefiro mesmo que eu tenha, e não o meu inimigo ou o cara que não gosto e que não gosta de mim. Acho que o Marx não imaginou que o poder pudesse corromper os revolucionários. Ele ficou pensando demais na classe e esqueceu as motivações individuais, na cuca dos homens. O Freud foi o contrário, esqueceu do social, do político ou exagerou o individual. Tudo isso é muito mais complexo do que qualquer doutrina, teoria, já disse."

5. "Eu era lacerdista. Lia a *Tribuna*, aquelas coisas. Fui mudando no colégio e depois na faculdade. Fui me conscientizando, fui descobrindo que aquelas coisas que eu ouvia em casa e que o Lacerda dizia eram uma besteira, uma merda. Me entusiasmei lendo Caio Prado e Celso Furtado. Fiquei preocupado com os pobres, os favelados, como os desgraçados do mundo. Fiquei muito sério, vivia preocupado, com ódio do imperialismo internacional. Sweezy, aquelas coisas. Cheguei a parar de tomar coca-cola porque era coisa de *trust*, de americano. Achava que devia tomar guaraná. Vibrei com a revolução em Cuba, virei macaca de auditório do Fidel e depois do Che. Russo, acho que nunca curti, não achava legal, aquelas coisas de Sibéria, polícia secreta. No começo aceitei até o *paredón* lá em Cuba, achava que tinha que fuzilar a canalha reacionária. Mas depois com a censura lá dentro, com as perseguições aos artistas, com os russos tomando conta, fui me decepcionando. Fui vendo que a coisa não era bem o que estavam dizendo. Nessa época, tive contato com o chamado povo. Fui a uns comícios em favela, fui a uns sindicatos. Tentei me forçar a achar legal aquela sujeira, a gostar de samba, freqüentei a Estudantina e outras gafieiras. Tinha também de curtir cachaça e cerveja porque eram as bebidas populares. Uma pobreza. Hoje fico até meio envergonhado só de pensar nisso. Fui vendo o que tinha de superficial e demagogia. Fui vendo que não tinha nada a ver com aquela gente, com o chamado povo, e que eles também não me curtiam, não estavam a fim. Essa história de povo, proletariado fazer revolução é a maior palhaçada que já ouvi. Não foi o povo que fez a revolução na Rússia e em nenhum lugar do mundo. O povo brasileiro, então, dá até pena, dá vergonha. A gente fica fazendo discurso para eles, conscientizando, sei lá, e aquelas caras de bichos olhando a gente, não entendiam nada, não estavam a fim de entender. Era ridículo, a gente estava ajudando era um politiqueiro qualquer que dizia que era comuna mas estava era na dele. Não acredito na política e nos políticos de nenhuma espécie. Eu hoje quero curtir as minhas coisas, escrever de vez em quando o que tiver vontade, sem compromissos com A, B ou C. O que eu quiser, sem me sentir obrigado a falar na miséria do

povo, na opressão do imperialismo e na crueldade dos sacanas dos capitalistas. Quero viver com um mínimo de conforto, sem maiores chateações, tendo meus casos, conhecendo pessoas, viajando. Não é muita coisa. Muitas vezes sou obrigado a fazer coisas que eu não gosto, mas a gente tem que pagar um preço por tudo. Não sou mais adolescente para achar que posso ter tudo e o céu também. Já estou mais curtido, acabou a fantasia da onipotência. Estou a fim de viver do melhor jeito dentro de minhas limitações, que são enormes, gigantescas, uma barra."

6. "A minha educação católica me levou a ter preocupações com o chamado próximo, caridade etc. Entrei naquele clima de caridade cristã desde pequena, ajudar os outros, dar comida e abrigo. Era assim que a minha família pensava, e eu achava natural e não entendia que houvesse gente que não pensasse da mesma maneira. Ficando mais velha, comecei a ouvir críticas à Igreja e aos padres, ouvi falar de revolução. Depois fiquei amiga de pessoas que não eram católicas e também se preocupavam com a miséria do mundo, mas de outro jeito, sem a piedade cristã, mas mais conseqüentes nas suas ações, que iam mais ao fundo das coisas. Pelo menos isso me parecia assim uns 10 anos atrás. Comecei também a ter contato depois com outro tipo de católico que não estava tão preocupado em ir à missa e dar esmola, mas que queria mudar mesmo a sociedade. É nessa época que passei a participar de política estudantil, embora nunca tivesse uma participação especial, de liderança. Isso durou uns três anos. Ia a assembléias, fui até a uma passeata. Mas fui sempre meio covarde e não assumia maiores compromissos. Admirava de longe as pessoas que pareciam ser mais conseqüentes do que eu, que levavam as coisas mais longe, arriscavam a vida, sua segurança. Nunca imaginei poder ir para a cadeia, levar pancada, perder contato com as pessoas que eu gostava. Quando as coisas foram ficando mais pesadas, fui me afastando, já estava namorando firme, fiquei noiva. Ele não gostava que eu fosse a essas coisas, ele mesmo já não ia. Deixei de ser católica, comecei a me preocupar menos com os pobres e mais comigo mesma, tive uma crise pessoal, percebi alguns grilos danados que não tinha perce-

bido, fui cuidar de minha cuca. Tratei de enfrentar as minhas neuroses. Perdi muito o interesse por política. Não sei se algum dia foi autêntico ou era uma coisa da moda, passageira. Hoje em dia não leio essas coisas no jornal, não estou interessada em discutir política, em saber dessas coisas. Talvez as coisas tivessem sido diferentes se eu tivesse brigado com meu noivo e continuado no movimento estudantil, mas isso nunca passou pela minha cabeça. Acho que ia a essas coisas também para chatear a minha família, para marcar a minha independência, provar que tinha vontade, que era mais eu. Hoje sou mais feliz do que quando era palmatória do mundo. Aprendi a curtir as coisas, as pessoas, a minha vida, a me valorizar mais sem ter que ficar provando o tempo todo que sou boa, legal, dedicada, séria."

7. "A vida política me interessa intelectualmente. Tenho curiosidade pelo que acontece, pelo jogo de poder, pelas manobras, essas coisas. Mas nunca me atraiu em termos de me empenhar, de me jogar. Li bastante coisa de ciências sociais, alguma coisa de ciência política. A minha profissão faz com que eu tenha de estar por dentro de política internacional, pelo menos em certos assuntos específicos. Mas talvez por isso mesmo seja cética, ou por temperamento. Mesmo nos tempos de colégio e faculdade, ficava muito distante daquela movimentação e agitação. Me pareceu sempre meio superficial, inconseqüente. Mas, mesmo que não fosse, eu não tinha vontade ou interesse por aquele tipo de vida. Sou comodista por natureza e preguiçosa, com dificuldade de me entusiasmar pelas coisas. Já vi e soube de muita arbitrariedade e violência, mas nunca fui diretamente atingida. No máximo, passou por perto. Tenho família, gosto dela e gosto, de um modo geral, de meu trabalho. Me sinto útil, nada de extraordinário, mas útil, fazendo direito as minhas coisas. Acho que a situação brasileira tende a melhorar a longo prazo, acho inevitável. Não dá para manter um nível de tensão tão grande. É verdade que há lugares e situações bem piores. A situação mundial é que é muito confusa. Confesso que me fascina mais e tenho mais interesse em ler o *Monde*, o *Time* do que os jornais brasileiros que, aliás, é claro que também são ruins por razões alheias à vontade

deles. Talvez seja uma maneira de não me chatear demais, mas o fato é que acho que, se as coisas mudarem aqui, vai ser muito mais por motivos externos do que internos. Talvez por isso me interesse mais ler revista e jornal europeu e americano. Agora, acho que a gente pode ter alguma contribuição para que as coisas melhorem, não acho que haja uma receita que valha para todos, cada um tem que encontrar a sua maneira de fazer as coisas."

8. "A vida da gente muda muito. Meu projeto de vida uns sete, oito anos atrás era muito diferente. Achava que era revolucionário, me considerava um candidato a futuro dirigente do país. Acho que isso era muito comum na nossa geração, muita gente achava isso. Tinha sido meio juventude transviada na adolescência, fazia farra, criava caso, fazia umas brincadeiras meio pesadas. Quando fiquei sério e comecei a tomar conhecimento das coisas, tornei, fiquei um cara ultra-radical, querendo criticar tudo, desde minha família até o mundo todo. Isso durou algum tempo até começar a me equilibrar, a descobrir as coisas que tinha vontade de fazer na vida, a descobrir o meu jeito. A análise foi muito importante para isso, me ajudou muito e continuar ajudando. Isso não quer dizer que seja um alienado total, um porra-louca, que me tenha tornado um débil mental. Me interesso pelas coisas, mas não acho que possa sair dando porrada para consertar tudo. De jeito nenhum. Agora sei que a vida é muito mais rica do que pensava antigamente. Minha cabeça era muito esquemática, fechada. Muita coisa ajudou a mudança, a vida mesmo, a análise, o fumo, o ácido, tudo isso ajudou a ampliar minha cabeça, a descobrir muita coisa, a sacar mais as coisas. Se todo mundo tivesse as oportunidades que eu tive para rever essas coisas todas, acho que o mundo podia estar bem melhor."

***

Reforçando o que já tinha sido dito, pode-se verificar que, no seu conjunto, esses depoimentos apresentam certas ênfases comuns, uma grande homogeneidade nos temas básicos, com algumas variações. A *mudança*, parece-me, se destaca. Quase todos têm uma visão retrospectiva de suas biografias em que o passado "político" é considerado superado. Isso pode ser atribuído a uma desilusão, uma decepção com a política, com as pessoas que fazem política, no caso, "de esquerda", ou a uma superação de uma fase de vida em que aquele interesse fazia sentido, mas que com o passar dos anos deixou de fazer. A mudança é *individual*, na medida em que o que houve foi uma descoberta, por parte das pessoas, de uma "verdade" que estava por detrás das aparências. Ou seja, no discurso do grupo aparece a descoberta de que, por detrás do aparente idealismo, desprendimento, etc., existia a corrupção, o egoísmo, o interesse pessoal, o jogo do poder. A "descoberta" foi possível através de incidentes, acúmulo de experiência e, muito citada, a psicanálise como processo de descoberta interior que abria novas perspectivas de vida, fazendo com que as pessoas se tornassem mais abertas, tolerantes etc. Nesse sentido, o tóxico também aparece em certos depoimentos como enriquecedor, sendo por excelência anti-esquemático. Surge como elemento do *ethos* do grupo, através desses depoimentos, um sentido de *estranheza* em relação ao passado, podendo aparecer expressando uma dificuldade de *reconhecer-se* no passado, podendo estar acompanhado de sentimento de *vergonha* diante daquela vida "dogmática", "sectária", "pobre", "careta" etc. A tolerância e o respeito ao indivíduo são enfatizados, opondo-se ao autoritarismo e à rigidez moral das pessoas de "esquerda". A descoberta interior e as mudanças individuais são colocadas como ancilares na nova atitude diante da vida, relegando a segundo plano as preocupações político-sociais mais amplas, que poderiam ser vistas como tentativas de evitar os problemas pessoais básicos. Nesse sentido, as características individuais de personalidade aparecem acima de qualquer divisão ideológica, quando, por exemplo, fala-se em autoritarismo e reacionarismo independentes da profissão de fé ideológica. Em alguns casos, a recusa do político não é tão radical, mas é redimensionada, havendo uma preocupação de "não se jogar" como anteriormente, sempre acompanhada de uma maior atenção para a problemática pessoal. Portanto, uma característica essencial do discurso do grupo é justamente essa cisão entre os dois tipos de problemática. A mudança corresponde à possibilidade de legitimar, basicamente através de um discurso psicanalítico, uma área de preocupação que se destaca e é sublinhada — a *individual*, que não só é independente, mas pode se opor a outra área antes mais abrangente e valorizada, a *sociopolítica*. Por outro lado, torna-se necessidade urgente e inadiável enfrentar os problemas individuais, que exigiriam, segundo o discurso analisado, um esforço e coragem especiais. Pode-se dizer que houve um movimento geral, nesse grupo, de refluxo, de mudança de uma posição de um certo grau de interesse e participação políticos, compartilhado pela maioria das pessoas, para uma recusa sistemática e consciente. Frise-se, mais uma vez, a variação existente, podendo-se estabelecer um contínuo entre uma rejeição absoluta e até hostilidade manifesta, em um extremo, e em outro a manutenção de um moderado interesse, cultivado à distância. E encontram-se alguns indivíduos, francamente minoritários, que se definem como jamais tendo tido preocupações maiores na área sociopolítica. Mas, acima dessa variedade, encontra-se consenso em torno da importância do individual, da liberdade pessoal, da desrepressão. Assim, tudo que possa aparecer como obstáculo à realização desses valores é ruim, enquanto tudo que possa fortalecê-los é positivo. É nesse quadro que o uso de tóxicos aparece, em princípio, como altamente positivo enquanto liberador de sensibilidade, instrumento para o autoconhecimento e desrepressor em geral. O tóxico poderá se tornar um problema, como já foi visto, na medida em que possa ameaçar a realização de um estilo de vida valorizado. Mas, especificamente, a maconha é considerada como elemento fundamental na constituição de uma existência mais rica. Tóxico e política se opõem, não por si mesmos, mas enquanto aspectos cruciais de estilos de vida considerados antagônicos. Um, fortemente hedonista, e o outro, voltado para um projeto político. Trata-se, inclusive, da oposição entre uma valorização do presente imediato e a preocupação com o futuro, não só pessoal, mas da sociedade brasileira ou mundial. O compromisso dominante é individual e presente, contrapondo-se a um coletivo e voltado para o futuro, que teria sido importante no passado da maioria dos membros do grupo. Como já foi dito, permanece uma tensão entre os dois projetos, não havendo um desaparecimento completo ou uniforme dentro do grupo. É nesse sentido que me parece justificar-se um tipo de retórica antipolítica e, em certos casos, antiesquerda, como uma necessidade permanente de lidar com essa ambigüidade. Não posso deixar de falar na existência, em termos individuais, em alguns casos, de um sentimento de culpa que se expressa claramente no seguinte trecho de entrevista:

> "Não me lembro bem do ditado, mas acho que era incendiário aos 20, bombeiro aos 30. Não sei se é a idade só, acho que não. Mas fico muitas vezes angustiada quando surgem esses problemas diante de mim e as pessoas começam a me cobrar coisas. Mas não dá mais, não tenho mais nada a ver."

CAPÍTULO 4

Grupo 2: continuidades e descontinuidades no uso de tóxicos

Como já foi várias vezes reiterado, estive examinando até agora um grupo de adultos jovens da Zona Sul do Rio de Janeiro, pertencentes de um modo geral às camadas médias superiores da sociedade, que tem como elemento importante do seu estilo de vida a utilização de tóxicos.

Coloquei que o grupo estudado fazia parte do que chamei, empregando a denominação do senso comum carioca, de "roda intelectual-artístico-boêmia". Ou seja, vendo esse sistema de relações sociais em termos de círculos concêntricos, poderia dizer que, considerando o grupo propriamente dito como primeiro círculo, poder-se-ia ver como segundo círculo, embora com fronteiras menos nítidas, essa "roda". O grupo estudado pode ser visto como inserido, portanto, num círculo mais vasto, que se definiria em termos de um estilo de vida encarado pela sociedade em geral, ou pelo menos pela cultura dominante, como pouco convencional. Os limites desse grupo são bastante problemáticos, na medida em que certos segmentos seus atravessariam a estratificação social, reunindo e congregando, em determinadas situações, por exemplo, intelectuais e artistas de Zona Sul, e sambistas pobres, negros e proletários.[37] Em sentido inverso,

[37] Ângela Tygel, do Programa de Pós-Graduação em Antropologia Social do Museu Nacional/UFRJ, vem desenvolvendo pesquisa justamente sobre um local de encontro de sambistas proletários negros e intelectuais da Zona Sul do Rio de Janeiro, verificando as formas de interação e representações dominantes.

podem ser encontrados, com alguma freqüência, contextos em que artistas e intelectuais interagem com grupos ou pessoas considerados pertencentes à "sociedade" ou ao "café *society*" dos colunistas sociais. Como foi visto, no caso do grupo estudado, o contato com estratos sociais mais baixos era praticamente inexistente no presente e desvalorizado quanto ao passado, havendo, no entanto, forte identificação com estratos mais altos. Isso, todavia, não se aplicaria com a mesma intensidade a todos os membros ou participantes dessa "roda", encontrando-se pessoas que se identificariam e procurariam com mais freqüência as chamadas "camadas populares". Logo, o "aristocratismo" do grupo analisado pode aparecer de forma bem mais diluída dentro do círculo maior. Por outro lado, quero frisar que, enquanto existe dentro do grupo até agora examinado uma forte consciência entre os seus membros de pertencer ao referido grupo, não se pode dizer o mesmo quanto a uma possível identificação com o que chamei de segundo círculo. Pelo contrário, pode surgir uma forte animosidade e rejeição de pessoas e ambientes dessa "roda". Diferentemente, portanto, da situação anterior, quando defini o grupo a partir das próprias colocações do universo investigado, agora o estou incluindo dentro de um universo maior que não é reconhecido ou conscientizado pelas pessoas pesquisadas.[38] No máximo, pode aparecer para alguns indivíduos o reconhecimento de algum segmento desse segundo círculo como "o pessoal do Cinema" ou "a turma do Antonio's".[39] Parece-me, todavia, que é importante, para poder dimensionar a problemática investigada mais adequadamente, situar pessoas em outros níveis de suas redes de relações. Assim é que são os indivíduos da "roda intelectual-artístico-boêmia" aqueles com quem interagem e se encontram, além, evidentemente, dos membros do grupo. Nas festas maiores, os convidados de fora do grupo provêm desse círculo; as festas freqüentadas, além das do grupo, são dadas por pessoas da "roda"; e, fundamentalmente, o proces-

[38] Estou admitindo, portanto, uma distinção entre modelos conscientes e inconscientes. Ver Lévi-Strauss, 1958, esp. Langage e parenté.

[39] Restaurante do Leblon, muito freqüentado e citado por cronistas e colunistas.

so de recrutamento de membros novos se dá nesse círculo e não em outro, embora seja importante lembrar que a grande estabilidade e a não-renovação de pessoas são uma forte característica do grupo estudado. Ou seja, as pessoas se mantêm basicamente as mesmas em períodos de tempo relativamente longos.

Há várias descontinuidades significativas dentro da "roda". Parecem-me mais importantes as que se referem à valorização da própria origem social e *status* dos indivíduos, havendo diferenças consideráveis em termos de ênfase no prestígio das famílias de origem, dando margem ao sentimento aristocrático do grupo estudado, diferenciando-o de outros grupos; à posição político-ideológica, distinguindo pessoas mais preocupadas ou engajadas, com posições políticas de esquerda, passando por aqueles que negam qualquer interesse pelo assunto e incluindo também indivíduos de posições nitidamente conservadoras; e, finalmente, ao uso de tóxicos, mais ou menos regular, intenso, variando o tipo utilizado etc., marcando fronteiras vigorosamente. Essas descontinuidades, como foi visto, existem dentro do próprio grupo investigado, mas não chegam a se tornar causa de dissenso mais forte, na medida em que existe uma forte unidade em relação ao estilo de vida aristocrático e hedonista. Essas diferenças transformam-se em *questões*, objeto de discussão e de divergência no nível do segundo círculo. Dentro deste, por exemplo, existem diversas pessoas "de esquerda", na acepção do grupo estudado, com posições políticas manifestas, com a preocupação, em certos casos, de transmitir conteúdos político-ideológicos, avaliações sobre a vida social em geral. Isso aparece em termos de preocupação com a criação artística ou cultural, com os seus conteúdos, com os "recados" que devem ser dados etc. Portanto, enquanto no nível do grupo propriamente dito há uma constante procura de consenso sobre certos pontos vitais, como a importância primordial do indivíduo em si em relação a preocupações sociais, no nível do relacionamento com outros indivíduos e grupos da "roda" surgem discussões, ocasionais conflitos e acusações mútuas. Nem sempre a divergência tem que se manifestar explicitamente, pelo contrário, as pessoas do grupo estudado parecem ser avessas a qualquer idéia de debate público. Este seria, inclusive, contraditório com alguns postulados básicos de conduta apropriada vigentes. Mas existe a constante referência, internamente ao grupo, às posições equivocadas, oportunistas, autoritárias etc. de elementos da "roda". Nesse nível, as acusações contra a "esquerda", os "comunistas" etc. ganham concretude ao se apontarem no cotidiano procedimentos que seriam a confirmação dos julgamentos negativos estabelecidos internamente. Dessa forma, além da esquerda e dos esquerdistas arquétipos, mantém-se acesa a crítica alimentada por experiências que seriam confirmadoras. Por exemplo, surge com um certo vigor a acusação de que existem pessoas de esquerda, organizadas em termos de uma "máfia", ocupando e controlando posições e oportunidades na vida cultural e artística. Assim, segundo o discurso de certas pessoas do grupo estudado, aqueles que não comungavam das mesmas posições ideológicas seriam preteridos e discriminados, independentemente de seu talento: "Não dá. Se a gente não é da patota deles, não aceitam as coisas que você faz, te boicotam. Esses esquerdinhas estão mais no poder do que a gente pensa, é uma máfia".

É importante lembrar que várias dessas pessoas acusadas, sem pertencerem ao grupo, fazem parte do círculo de relações, participando de algumas reuniões sociais em comum, freqüentando o mesmo ponto da praia etc., como já foi mencionado.

Existem outros indivíduos ou grupos que estariam incluídos no que estou chamando de "roda intelectual-artístico-boêmia". Não pertencem nem ao grupo escolhido para investigação mais aprofundada, nem são pessoas especialmente ligadas a preocupações políticas, nem têm maiores compromissos com a chamada vida cultural. Profissionalmente, desempenham atividades variadas, como jornalista, advogado, profissionais liberais em geral, funcionários públicos etc. A motivação para o seu congraçamento, para os seus encontros seria mais a vertente boêmia propriamente dita, vinculada a uma tradição carioca mais ou menos conhecida. Podem freqüentar os mesmos pontos e bares que as outras pessoas da "roda", são amigos, dão-se com artistas, intelectuais com ou sem preocupações políticas, mas o traço fundamental que os define é a sociabilidade que gira em torno da bebida, do consumo de bebida alcóolica em lugares públicos ou particulares. Pertencendo a estratos médios da Zona Sul, freqüentam bares e restaurantes mais ou menos sofisticados, onde consomem uísque, cerveja, chope principalmente. Desenvolvem laços fortes de solidariedade, apoiados em uma linguagem de relações jocosas, com gozações, brincadeiras e ironias. Além do culto da bebida, surge associado, como tema crucial, o sexo, constituindo-se em assunto fundamental as aventuras e conquistas amorosas, as qualidades femininas etc. De um modo geral, trata-se de um grupo basicamente masculino, havendo um razoável número de homens solteiros e desquitados.[40] Não consomem regularmente os tóxicos descritos nos capítulos anteriores, embora a maioria já tenha tido alguma experiência. Predominam as pessoas de mais de 30 anos, e entre alguns deles surge a autodefinição jocosa de "geração cirrose", para diferenciá-los dos outros grupos consumidores regulares de maconha, cocaína, ácido etc.

Dentro, portanto, da "roda intelectual-artístico-boêmia", distingui três vertentes básicas que seriam a vanguardista-aristocratizante, a esquerdista ou com preocupações sociopolíticas manifestas e a boêmia propriamente dita. Detive-me no exame de um grupo que parece expressar com vigor a primeira vertente. Isso não significa que não existam outros grupos, círculos ou redes de relações dentro da roda onde essa tendência se manifeste. Na realidade, acredito que essas três vertentes correspondam a visões de mundo concorrentes, que apareçam muitas vezes misturadas, indistinguíveis. Quando se fala, por exemplo, em "esquerda festiva", há uma clara indicação da interpenetração de pelo menos duas dessas visões de mundo. Embora possa ter um sentido pejorativo, corresponde a uma percepção do cruzamento de dois domínios, um correspondendo a uma postura político-ideológica de crítica e rejeição do regime ou do sistema, e o outro expressando uma visão lúdica, "festiva" da vida, onde

40 É interessante comparar com outro tipo de boemia estudado por Machado da Silva, 1969.

a brincadeira, o carnaval, a *boemia* têm lugar marcante. Nesse sentido, julgo que a menos permeável das três vertentes é justamente a que estudei até agora em maior profundidade — a vanguardista-aristocratizante. Enquanto o "esquerdismo" e a boemia tradicional apresentariam pontos de atração mútuos como, por exemplo, o gosto pela música popular brasileira, uma certa ideologia de comunitarismo etc., a do grupo investigado é, por definição, criadora de fronteiras mais rígidas, desde que os critérios para o seu recrutamento seriam basicamente o talento, a "genialidade" etc. e o prestígio social das famílias de origem. Estes seriam critérios com postulados basicamente elitistas, com forte poder de exclusão, embora, como foi visto, nem sempre explicitados. Mesmo assim, na medida em que essas pessoas se encontram em terrenos ou domínios comuns ou podem se "visitar", nas suas próprias áreas sempre há um mínimo de intercâmbio até no caso desse grupo ou de grupos mais fechados. Não só são encontradas pessoas inicialmente definidas na vertente aristocratizante participando de acontecimentos e eventos da área boêmia ou até da "esquerdista", como encontram-se dentro do próprio grupo vanguardista-aristocratizante elementos, ocasiões e situações em que a marca da boemia tradicional ou, menos vezes, da visão de mundo de esquerda aparece. Há uma repulsão maior, portanto, entre as visões de mundo aristocratizante e esquerdista, sendo a boêmia uma espécie de mediação entre essas duas. Entre as diferentes áreas aparecem indivíduos que desempenham o papel de *brokers*, trazendo e levando informações, valores, mediando, servindo de pontes focais e de junção entre as redes de relações.[41] É importante lembrar que poucas pessoas, nessas três vertentes, têm menos de 25 anos, havendo maior proporção de pessoas de mais de 35 anos

---

[41] Embora não sejam necessariamente "culturas" diferentes, são "áreas" ou "domínios" com uma certa especificidade, havendo certos especialistas capazes de manipular melhor, traduzir, interpretar símbolos de um lado para o outro, servindo de ponte. Em situações em que a comunicação verbal direta, *face to face*, é fundamental, esses indivíduos são veículos de propagação de idéias, modas, novidades etc.

entre os boêmios propriamente ditos. Mas, em geral, as idades variam, nas três, entre 25 e 35. Existem outros pontos de contato. Embora haja uma maior tendência de serem encontradas, entre os aristocratizantes, pessoas de camadas médias superiores, enquanto nos outros poderiam até aparecer indivíduos provindos do que se poderia chamar de "pequena classe média", basicamente trata-se de universo recrutado nos estratos médios da sociedade. Não dispondo de números precisos, parece também ser evidente o maior número de pessoas oriundas de outros estados e da Zona Norte entre os esquerdistas e os boêmios, sendo o grupo vanguardista-aristocratizante basicamente carioca de Zona Sul. Um ponto comum nas três vertentes é o fato de muitos terem estudado nos mesmos colégios e faculdades. Uma possível explicação para isso é o fato de alguns colégios públicos cariocas serem considerados, pelo menos na época de curso secundário do universo em pauta, como os melhores educandários, atraindo pessoas de diferentes origens. Assim é que são encontrados com relativa freqüência indivíduos contemporâneos de colégios, pertencendo a vertentes distintas. Mesmo no caso da faculdade isso aparece, embora haja uma maior proporção de elementos oriundos da Universidade Católica entre os aristocratizantes. Quero frisar que, em termos escolares, não parece ter havido diferenças muito significativas, embora o índice de educação formal-acadêmica tenda a ser menor entre os boêmios. Nesse aspecto, os esquerdistas e os vanguardistas-aristocratizantes se aproximariam mais. Cumpre recordar, como já foi visto, que, na origem, grande parte dos membros do grupo estudado estaria incluída na vertente esquerdista, posteriormente abandonada. Assim é que, embora assumindo contemporaneamente visões de mundo e estilos de vida aparentemente contraditórios, há entre essas pessoas muitos ex-companheiros com experiências comuns e vivências compartilhadas no passado. Por isso mesmo pode aparecer uma tensão muito grande nos seus encontros e relações. Parece-me que, enquanto a boemia e o esquerdismo conviviam há algum tempo, a emergência de uma tendência vanguardista-aristocratizante, com as características descritas, é bem mais recente, estando ligada aos acontecimentos políticos no país a partir de 1964. Dessa forma, o movimento de pessoal parece ser claramente de refluxo da vertente esquerdista, com um razoável esvaziamento, de reforço da boêmia mais descomprometida e de criação e consolidação da vertente aristocratizante.

Em termos das relações entre as três vertentes, já examinei bastante a posição dos vanguardistas-aristocratizantes, contextualizados no grupo investigado, diante dos esquerdistas. Em relação à boemia tradicional, sua atitude é bastante ambígua porque, de um lado, assume-se uma postura de superioridade intelectual e de um certo desprezo pela "caretice" e pelo ambiente "acafajestado" dos boêmios, mas de outro lado, o descompromisso, a liberdade individual destes dão margem a uma certa identificação. As pessoas do grupo estudado "mais ligadas" em bebidas alcoólicas, especialmente, podem, em determinadas épocas, apresentar-se bem próximas aos boêmios. De qualquer forma, não aparece um sentimento de antagonismo comparável com o que pode surgir em relação aos esquerdistas. Quanto à visão que as outras duas vertentes têm da vanguardista-aristocratizante, não era o objeto específico de minha investigação, de forma que minha impressão é algo superficial. Parece-me que, *grosso modo*, os boêmios podem encarar alguns de seus membros como "bestas" e "posudos", embora de um modo geral tenham relações cordiais. Em certos casos, a proximidade é maior, havendo amizades mais ou menos sólidas. Já na vertente de esquerda, embora também existam algumas relações mais próximas, existe reciprocamente maior tensão e hostilidade, com uma razoável desconfiança quanto ao estilo de vida vanguardista-aristocratizante. Essa desconfiança pode se traduzir em acusações de irresponsabilidade, individualismo, traição, reacionarismo, direitismo, alienação etc. Como já foi visto, há uma interpenetração bastante razoável entre boêmios e esquerdistas, embora, por parte de seus elementos mais radicais, também apareçam intolerância e agressividade mútuas.

Em resumo, distingui três visões de mundo que correspondem, em linhas gerais, a vertentes da "roda intelectual-artístico-boêmia". O grupo estudado nos capítulos anteriores cristalizaria em seu estilo de vida as características básicas de uma dessas visões de mundo — a vanguardista-aristocratizante. O fato de ser representativo dessa posição não significa que esta não possa ser encontrada em outros grupos ou partilhada por diferentes indivíduos da roda. Parece-me, no entanto, por observação, que ele expressa com rara clareza as ênfases específicas e o *ethos* dominante na ala vanguardista-aristocratizante. Por outro lado, mesmo nos casos-limite não haveria em nenhum grupo uma exclusividade absoluta de uma dessas visões de mundo. Justamente o que me parece mais significativo, em termos ideológicos, é a permanente tensão existente entre as diferentes concepções que sempre aparecem como alternativas, eliminando qualquer possibilidade de se encarar monoliticamente esses estilos de vida e visões de mundo. Isso é possível na medida em que, a par de algumas diferenças em termos de origem social, atividades, educação, experiências de vida, existe uma base comum a esses grupos e a essas visões de mundo. Embora isso vá ser retomado e deva ficar mais esclarecido ao se examinar, em contraste, outra "roda" da Zona Sul do Rio de Janeiro, é possível adiantar que, basicamente, as pessoas até agora mencionadas participaram de algumas experiências históricas comuns, partilhando um patrimônio, um "tesouro cultural" particular, característico de uma época. Nesse contexto, o tóxico e sua utilização funcionam como tema divisor de águas, servindo de foco irradiador de diferenciação e conflito de estilos de vida. Embora vários tipos de tóxico fossem conhecidos e utilizados há muito tempo em certos círculos da Zona Sul, só nos últimos anos é que isso vai se tornar símbolo marcante e diferenciador. Entre os que chamei de boêmios, havia um conhecimento de longa data, mas de um modo geral tinha um caráter eventual ou complementar à utilização de bebida alcoólica. Várias pessoas incluídas na vertente esquerdista experimentaram ou consomem ocasionalmente algum tóxico, especialmente a maconha, mas a atitude em relação a essa utilização consiste basicamente em restringi-la a ocasiões muito especiais e a manter uma atitude crítica diante da tendência de transformar o tóxico em elemento fundamental de um estilo de vida, aparecendo com freqüência a categoria *viciado*. Outros "de esquerda" assumem posição militante contra ao uso de tóxicos, classificando-o como embotador e alienante. De qualquer forma, não se trata de um problema de quantidade na utilização do tóxico, nem mesmo do tipo, mas da definição cultural dessa utilização, do sistema de valores erigido em sua volta. O que aparece como importante na visão que o grupo vanguardista-aristocratizante tem do tóxico é a ênfase no seu caráter liberador, enriquecedor, de rompimento com a repressão, "caretice", intolerância, esquematismo etc. Enquanto isso, para outras pessoas, boêmios ou esquerdistas, trata-se apenas de mais uma possível fonte de prazer como a cerveja, o uísque etc., com o grave risco de "fazer mal", "viciar", "provocar dependência". Na área boêmia não aparece sempre essa visão depreciativa, mas enfatiza-se a preferência pelo álcool como fonte de prazer. Para as pessoas de esquerda menos preocupadas com a ameaça do vício propriamente, o tóxico pode aparecer como símbolo de "decadentismo burguês". Enfim, com as discordâncias, e por isso mesmo, aparecem temas de discussão e divergência, expressos em uma linguagem comum. O relativo esoterismo do vocabulário de tóxicos utilizado pelos vanguardistas não impede a comunicação com as outras vertentes, sabendo-se, pelo menos, em torno de que existem discordâncias.[42] As variáveis básicas que explicam isso são a contemporaneidade de experiências das pessoas dessa "roda intelectual-artístico-boêmia" e o fato de serem, em geral, de camadas médias, embora exista alguma variação. Enquanto no grupo cuja visão de mundo defini como vanguardista-aristocratizante encontram-se, em princípio, indivíduos mais próximos às camadas dominantes, entre os boêmios e esquerdistas surgem pessoas oriundas ou mais próximas de uma pequena classe média, de *white-collars,* de estratos médios inferiores.[43] Não me parece, no

[42] Comparar com a situação dos estudantes universitários franceses estudados por Bourdieu, que com suas diferenças ideológicas não deixavam de ter um código básico, com preocupações comuns, partindo de um tipo específico de formação cultural. Ver Bourdieu & Passeron, 1964.

[43] De um modo geral, são pessoas com menos prestígio pessoal ou familiar, com menos atributos de honra social, nos termos de Weber.

entanto, ser possível dividir esquematicamente, diferenciando em termos globais esses grupos em função de sua origem social. O que parece ser mais relevante é a possibilidade de manipular ideologicamente o problema da origem social, enfatizando mais ou menos, suprimindo, ressaltando etc. Nesse sentido, o grupo vanguardista-aristocratizante demonstrou forte tendência de caracterizar o seu *status* muito em função de seu passado familiar e de basear seu estilo de vida em uma escala de valores elitista. Tanto isso é verdade que vários membros desse grupo passaram a se preocupar e a verbalizar essa dimensão a partir de uma determinada época. Em princípio a possibilidade estaria aberta, também, para vários indivíduos incluídos nas vertentes boêmia e esquerdista. No entanto, outros pontos são enfatizados que poderiam ser descritos como um "comunitarismo boêmio" e uma identificação com o povo, com o proletariado, estratos inferiores da sociedade, por parte dos esquerdistas. É bom lembrar como nos depoimentos do grupo pesquisado apareceu justamente a rejeição de um passado em que teria havido, pelo menos durante algum tempo, uma tentativa de identificação com as camadas populares.[44]

***

O uso de tóxicos tem-se disseminado por vários grupos sociais na cidade do Rio de Janeiro. Sem necessariamente encampar os julgamentos de valor feitos por denúncias dos órgãos de comunicação de massa, ressalte-se o fato de que tem sido constantemente veiculada a proliferação do *vício* entre a juventude. Vou passar a examinar, portanto, um segmento dessa juventude, com o objetivo de poder compará-lo com o grupo de adultos jovens até agora focalizado. Continuarei centrado na Zona Sul do Rio, investigando pessoas que, *grosso modo*, provêm da mesma origem social do primeiro grupo investigado. O primeiro problema a ser enfrentado é a própria caracterização desse universo de jovens de

44 Ver especialmente a entrevista 5, Capítulo 3.

Zona Sul. Embora o conceito de geração seja problemático,[45] foi-se desenvolvendo no decorrer da pesquisa a percepção de que existem certas descontinuidades fundamentais, em *termos etários,* entre os grupos e pessoas que consomem tóxicos. Na medida em que os jovens estudados não eram de estratos sociais substancialmente diferentes dos do grupo anterior, a diferenciação aparecia cada vez mais como ligada a diferenças de idade, ou seja, a um determinado tipo de experiência marcado por certas vivências historicamente localizadas. Assim é que, intencionalmente, a partir de um determinado momento, detive-me a investigar um segmento da juventude que fosse, basicamente, de origem social semelhante à do grupo vanguardista-aristocratizante. Trata-se, portanto, de pessoas cuja idade varia, em geral, entre 13, 14 e vinte e poucos anos. Os mais velhos aproximam-se dos 25, podendo ter a mesma idade dos mais jovens membros do primeiro grupo. Os mais novos podem estar nas primeiras séries do curso secundário, podendo até ser filhos dos mais velhos dos vanguardistas-aristocratizantes, embora não fosse o caso. Apareciam, no entanto, filhos de famílias amigas ou até parentes do primeiro grupo. O ponto de referência para a localização desses jovens foi uma espécie de lanchonete muito conhecida, situada em Ipanema. A partir de uma determinada época, essa lanchonete passou a ser um dos pontos de encontro preferidos por parte da juventude da Zona Sul.[46] Esses freqüentadores moram basicamente em Ipanema, Leblon, Jardim Botânico, Gávea e Copacabana, especialmente nos dois primeiros bairros. De um modo geral são estudantes secundários de colégios de elite da Zona Sul, na maioria das vezes particulares. Seus pais são, em princípio, profissionais liberais pelo menos razoavelmente bem-sucedidos. Apesar da relativa simplicidade das roupas, há evidentes sinais de sofisticação. Usam *blue jeans,* camisas de malha, sandálias havaianas. Trata-se de um uniforme básico que caracteriza o grupo, mas um

[45] Ver Jaide, 1968.

[46] Ver o trabalho de Castro, 1973, op. cit., que traz uma série de contribuições para a análise do comportamento desse segmento da juventude, especialmente quanto a suas categorias verbais.

observador atento perceberá que boa parte das roupas são importadas, detalhes de objetos exóticos, muitas vezes estrangeiros, como pequenas jóias e adereços, "incrementam"[47] a vestimenta. Vários chegam em carros e motonetas, alguns mais jovens, em bicicletas. De um modo geral, apresentam-se queimados de sol, com um ar esportivo. O número de pessoas que freqüenta essa lanchonete varia muito. Em primeiro lugar, não é um local exclusivo do grupo citado, existindo há mais de 15 anos nesse ponto. Durante o dia, todos os tipos de moradores de Ipanema passam por ali, comprando sorvetes, sanduíches, sucos de frutas, *milk-shakes*. É a partir do fim da tarde que começa a se notar maior concentração desses jovens. Não há lugar para sentar na lanchonete. As pessoas são servidas e comem em pé, havendo balcões internos e externos dando direto para a rua. Em geral, os jovens em pauta começam concentrando-se na parte externa da lanchonete, na rua transversal que faz esquina com uma das ruas principais do bairro. A lanchonete ocupa a esquina, havendo atendimento e movimento, portanto, em duas ruas. Depois de 20h, atingindo o auge por volta de 22h, é que encontramos o comparecimento maciço do grupo em foco. Em certos dias registram-se mais de 50 pessoas, mas, em média, reúnem-se entre 20 e 30 nos horários mais movimentados. Enquanto durante o dia e até a hora do jantar há um número constante de outros tipos de pessoas freqüentando o local, por volta das 22h, em dias de semana, essas moças e rapazes constituem ampla maioria. Aí então não se restringem ao canto inicial, ocupando quase toda a área atendida pela lanchonete. Nos fins de semana o panorama muda, com um grande movimento de freqüentadores até tarde da noite. Nessas ocasiões os jovens voltam a se concentrar em pontos específicos, inclusive atravessando a rua para a calçada oposta. Sua presença aparentemente não causa maior rebuliço, sendo Ipanema considerado um bairro sofisticado, cosmopolita, "onde se vê de tudo". Embora nem todos os jovens que freqüentam o ponto comprem alguma coisa na lanchonete, sempre corresponde a um certo movimento,

47 "Incrementar": enfeitar, elaborar, enriquecer.

não prejudicando a atividade comercial. É importante lembrar que, como as pessoas comem e são servidas em pé, quase sempre na rua, trata-se de um lugar público, *sem portas,* fazendo com que fique difícil distinguir o que é a lanchonete propriamente dita e o que é a rua, domínio público. Por outro lado, o movimento de jovens, embora se adense diante da lanchonete, não se limita assim, havendo deslocamentos não só para o outro lado da rua como mais em direção à praia. Há movimento, portanto, diante de outras lojas, como uma de peças de automóveis, uma butique, uma loja de decoração e um bar com mesas, não freqüentado, em princípio, por essas pessoas. Logo, a lanchonete é o ponto central de um movimento de jovens que, dependendo de sua quantidade ou do número dos outros freqüentadores do local, pode encolher-se a um canto da rua ou ocupar praticamente todo um quarteirão. Não há, normalmente, brigas nem tumultos entre os jovens. Podem surgir certos conflitos com pessoas mais velhas, como será visto, mas não chegam a se constituir em rotina. A lanchonete dispõe sempre de um guarda de segurança presente, mas nunca presenciei nenhuma intervenção sua no tocante ao comportamento do grupo de jovens. Sua função parecia ser muito mais afastar mendigos e moleques de rua que pudessem importunar os clientes. Há também, grande parte do dia, um guarda de trânsito na esquina, mas também jamais vi qualquer incidente que o envolvesse especificamente com os jovens. Parece, portanto, haver uma convivência relativamente tranqüila com a vizinhança, situação bastante diferente da existente no final da década de 50 e início da de 60, em que havia constantes conflitos entre o que se chamava na época de "juventude transviada", que freqüentava certos bares e pontos de Copacabana, e a vizinhança, com agressões físicas freqüentes, intervenção da polícia etc.

A presença masculina é mais constante nessas reuniões de jovens, havendo períodos em que não há moças presentes. Mas no horário de maior movimento, depois de oito horas da noite, há uma proporção equivalente de homens e mulheres. Há uma evidente separação de sexos. Há um "canto", numa das extremidades da lanchonete, em que os rapazes se concentram, sentados em automóveis ou simplesmente em pé, enquanto as moças ficam se deslocando mais. De certa forma, lembraria o do *footing* do subúrbio, da cidade do interior. Em Ipanema, os homens ficam parados, enquanto as mulheres andam, perambulam pela rua. Isso se explica porque boa parte desses rapazes são surfistas, figuras focais e altamente valorizadas pela juventude da Zona Sul. São, de certa forma, os principais personagens presentes. Esse ponto será importante quando for examinada a relação entre os sexos. Enfim, seria uma atividade basicamente masculina, que produziria seus heróis. O surfe é uma das atividades e temas principais desse grupo, sendo um dos assuntos centrais. Outro tema crucial é a música, especialmente o rock e música pop. Mais uma vez, vários rapazes tocam instrumentos e, em geral, há um interesse generalizado pelo assunto, sendo que uma atividade é freqüentarem *shows* de rock e música pop, além de se reunirem para ouvir discos nas casas uns dos outros. Tive oportunidade de ver discos importados passando de mão em mão, sendo emprestados, trocados. Em termos de música brasileira, parece haver um moderado interesse por Caetano Veloso, Novos Baianos, Gal Costa, Maria Bethânia etc., mas o foco básico de interesse é a música pop produzida nos Estados Unidos e Inglaterra. Nesse sentido, há um forte contraste com o interesse por samba manifestado pelos boêmios e esquerdistas mencionados e também com o gosto dos vanguardistas-aristocratizantes por música americana tradicional das décadas de 40, 50 etc. Estariam mais próximos destes, no entanto, que também cultivam interesse pelo pop e pelo rock, embora talvez com outras conotações. Pelo que foi observado, não aparece mais nada em relação ao que se costuma denominar "interesse cultural". As pessoas vão ao cinema, mas não revelam maior inclinação para discutir o assunto, torná-lo tema de polêmica, como no grupo antes estudado. Não foi constatado em geral também nenhum interesse por leitura, fora letras de música e ocasionalmente algum jornal *underground*. É claro que estou falando de tendências, não excluindo a possibilidade de que um ou outro indivíduo se interesse em fazer filmes Super-8, tirar fotografias ou ler mais regularmente algum tipo de literatura. Mas a regra geral não é essa, e a manifestação artística que interessa ao grupo como um todo é a música do tipo já mencionado. Voltando ao surfe, pode-se dizer que nem todos os jovens que freqüentam a lanchonete têm o mesmo nível de interesse, mas sem dúvida é um tema fundamental. Existe uma boa proporção que é constituída propriamente de aficionados, com praticantes e admiradores, sendo que as mulheres se limitam a esta última possibilidade. Discutem-se a qualidade da onda, o tipo de prancha, a praia mais adequada, são comparadas experiências, histórias são contadas num vocabulário esotérico que lembra, nesse sentido, as gangues de motociclistas nos Estados Unidos, sendo que em lugar da moto aparece a prancha em foco. O tipo físico do surfista é bem característico e funciona como estereótipo, na população local, para identificar esse grupo de jovens. Geralmente são louros ou alourados, com o cabelo queimado de sol e muitas vezes oxigenado, com a intenção explícita e consciente de estarem de acordo com a imagem adequada de um surfista. Obviamente inspiram-se, assim como no caso da música, em exemplos do exterior, no caso o surfe californiano e havaiano, americano em geral. Alguns desses rapazes já tiveram oportunidade de ir aos Estados Unidos, onde assistiram a competições, tendo também importantes pontos de referência no exterior. Há competições e campeonatos de surfe, onde hierarquias são estabelecidas e glórias obtidas. Praticam o esporte desde crianças pequenas de sete, oito anos, até os mais velhos, de vinte e poucos anos. A maioria desse grupo que freqüenta a lanchonete, no entanto, tem em média 16, 17 anos. Como Castro já observou, uma importante característica do grupo é o fato de interagirem e conviverem pessoas de idades que poderiam parecer muito distantes.[48] Assim é que se verifica a presença lado a lado, conversando, participando dos mesmos programas, de indivíduos de 13 e de 20 anos, por exemplo. Isso também contrasta com os grupos de jovens existentes há alguns anos na mesma Zona Sul do Rio de Janeiro, onde as diferenças entre essas faixas de idade eram muito marcadas, com a diferenciação insistente

[48] Ver Castro, 1973.

entre as pessoas de menos de 15 anos e as mais próximas da casa dos 20. É provável que isso esteja ligado a diferentes concepções e atitudes diante do sexo. Enquanto naqueles grupos citados a iniciação sexual era rigorosamente marcada, constituindo a grande barreira diferenciadora, no grupo em pauta o problema aparece de forma bem diferente. Assim é que as relações entre as pessoas aparentemente são mais sexualizadas, inclusive entre os de menos idade. Ou seja, não parece ser tão marcado o intervalo entre os que brincam e os que têm relações sexuais. A brincadeira assume muito mais seus aspectos e componentes sexuais, e as relações propriamente sexuais não são tão sublinhadas. Com o surfe, com a música, há um grande espírito lúdico em que as pessoas se tocam, se acariciam, confundindo o observador de início. Nas relações heterossexuais, a idéia do namorado e da namorada tradicionais não se encaixa com o que é observado. Verifica-se que há uma grande intimidade física entre os dois sexos. Por exemplo, num espaço de duas horas de observação, uma das moças conversou com três rapazes diferentes, abraçando-os, tocando-os e beijando-os. Isso não chocava ninguém no grupo, pelo contrário, era o padrão habitual. Depois de algum tempo, pode-se perceber que um rapaz e uma moça, naquela dia ou semana, estão "transando", ficando mais tempo um com o outro ou chegando e saindo juntos. Mas isso não só é difícil de distinguir de fora, como verifica-se que não há, necessariamente, a definição de um parceiro(a) específico(a). Por outro lado, há também nas relações de pessoas do mesmo sexo um contato físico muito maior do que nos grupos anteriormente citados. Ao se encontrarem, especialmente entre as mulheres, há uma grande efusividade de beijos e abraços prolongados e carícias mútuas. Entre os homens, isso varia mais, havendo indivíduos que não se aproximam muito de pessoas do mesmo sexo, guardando distância. Em outros grupos de jovens que observei, fora dessa lanchonete, a intimidade física entre os homens era tão grande quanto entre as mulheres. Assim, visto de um ângulo as relações parecem ser mais sexualizadas, mas de outro poder-se-ia ver a sexualidade diluída nesses contextos. De qualquer forma, o que me interessa no momento é chamar a atenção para a diferença dos padrões, em contraste com o grupo anteriormente examinado.

O outro tema básico desse grupo e uma das principais atividades enquanto estão reunidos é o tóxico. Enquanto em relação ao surfe e mesmo à música podem ser encontradas grandes variações em termos de interesses, no tocante ao tóxico verifica-se o consenso maciço das pessoas. Ou seja, o consumo e a importância dada aos tóxicos são generalizados. A maconha é normalmente o mais usado, mas a cocaína e o Mandrix — barbitúrico encontrado nas farmácias — também são importantes. Como entre os vanguardistas-aristocratizantes, a maconha é o mais difundido, usado e consumido. Entre essas pessoas, é padrão utilizar-se o "fumo" a qualquer hora do dia, só ou acompanhado. Não há nenhum tipo de restrição dentro do grupo quanto a sua utilização. As pessoas passam boa parte do dia sob o efeito da maconha, sem provocar aparentemente nenhuma ansiedade, mantendo pleno domínio de suas reações, sem "dar bandeira". Só o observador treinado, reparando na insistente vermelhidão dos olhos, poderá suspeitar do uso de maconha.[49] De um modo geral, a definição do uso da maconha nesse grupo resume-se à possibilidade de se ter sensações agradáveis, de "curtir", sem maiores elaborações intelectuais. Além disso, o "fumo" é, como no grupo examinado anteriormente, o grande divisor de águas entre o seu mundo e o dos "caretas". Uma possível conotação diferenciadora do termo "careta", como é usado entre esses jovens, é a ênfase no aspecto sexual da "caretice", na monogamia, no casamento, no heterossexualismo ortodoxo etc. Logo, embora esteja ligada à utilização ou não de tóxico, a categoria *careta* marca a visão de sexo dessas pessoas, distinguindo-as. O uso da maconha permite o reconhecimento de semelhantes, de próximos ou, pelo menos, de indivíduos não hostis. É fundamental para o sistema de comunicação interno e externo do grupo.

[49] Sobre o aprendizado do uso da maconha e sobre as técnicas de identificar e manipular seus efeitos, ver Becker, 1963.

A cocaína geralmente é menos utilizada do que a maconha. Em primeiro lugar, porque é mais cara e, em segundo, porque também não existe um consenso sobre os seus efeitos. É bom lembrar que boa parte do grupo, especialmente os surfistas, são esportistas preocupados com o corpo, a disposição e a saúde. É por isso mesmo que o Mandrix, cujos efeitos são difíceis de disfarçar, é encarado com reservas, embora algumas pessoas utilizem-no ocasionalmente. A pessoa que toma Mandrix perde o controle do seu corpo, cambaleia e tropeça, enfim, "dá bandeira". A pessoa que faça isso regularmente tenderá a ser vista com maus olhos. Mas, em situações e períodos mais difíceis de encontrar outros tóxicos, pode-se apelar para o Mandrix, que não é utilizado entre os vanguardistas estudados. É importante lembrar que essas pessoas em geral não dispõem de fonte de renda própria, dependendo basicamente de mesadas paternas, que podem ser mais ou menos generosas. Assim coloca-se um problema diferente em termos de acesso aos tóxicos. A cocaína, sendo mais cara, em princípio torna-se mais rara no grupo. Há uma utilização muito comunitária desses tóxicos, com os mais bem providos emprestando ou dando para os menos. As pessoas pedem dinheiro emprestado, sendo comum um passante ser abordado por um rapaz ou uma moça que peça dinheiro. Podem pedir, inclusive, especificamente um cruzeiro, que vai se somar a outros recursos obtidos. A escolha da pessoa a quem se vai pedir dinheiro não é aleatória, notando-se a preferência por adultos jovens que possam revelar, por sua aparência, indícios de que não sejam totalmente "caretas". Pede-se dinheiro com a naturalidade de quem está perguntando as horas, tranqüilamente, sem demonstrar irritação com recusas e agradecendo sorridentemente a doação. É um espetáculo curioso observar-se rapazes e moças de boa aparência e queimados de sol, filhos, em alguns casos, de pessoas relativamente abastadas, concorrendo com os mendigos aleijados e esqueléticos que proliferam em certas horas do dia nas esquinas de Ipanema. Note-se que dificilmente um homem recusa dar ou emprestar dinheiro para moças e meninas, geralmente bonitas e atraentes. Enfatize-se que nunca presenciei situação em que o homem pedisse ou insinuasse retribuição de qualquer tipo. Além disso, os jovens recolhem dinheiro de suas casas, sem o conhecimento de suas famílias. Evidentemente, não são grandes quantias e, por outro lado, nem todos precisam fazer isso. Mas é uma prática conhecida e relativamente generalizada.

Os tóxicos são trocados e consumidos ali mesmo diante da lanchonete, embora, dependendo do horário, possa haver uma preocupação de uma certa discrição, recolhendo-se as pessoas a cantos e lugares mais protegidos dos outros freqüentadores. A maconha é utilizada mais abertamente, podendo ser confundida por pessoas desprevenidas com um cigarro comum, mas a cocaína, que é aspirada, necessitando de uma certa parafernália, exige um certo afastamento e maior reserva. Às vezes, surge alguma desconfiança em relação a indivíduos que estão por perto, que podem ser da polícia. Nesse caso, através de olhares e monossílabos, a comunicação é passada e o processo é interrompido, até com o afastamento de algumas pessoas. É importante lembrar que se sabe, de um modo geral, na Zona Sul, que nesse lugar consomem-se e "transam-se" tóxicos. Inclusive há uma outra lanchonete, relativamente perto, que já apareceu em noticiário de jornal como ligada a um crime. Foram, na ocasião, feitas alusões a essa que estou examinando. No entanto, depois de um moderado refluxo durante alguns dias, o movimento retomou o seu normal. É evidente que a polícia sabe do que se passa, assim como o pessoal da lanchonete. Não tenho conhecimento de nenhuma batida policial ou prisão efetuada no local. Existe, aparentemente, um acordo tácito de que, contanto que os jovens se restrinjam àquela área e não se excedam, provocando tumultos, a polícia não intervirá. Há um clima, portanto, de relativa segurança, mas a passagem do camburão da polícia sempre causa uma certa tensão e há uma espécie de alerta geral. Bem perto do local, prisões já foram efetuadas, especialmente numa praça situada a duas quadras. Assim, os limites e as fronteiras existem, mas nem sempre aparecem como claros ou definitivos. Com todo o clima de relaxamento aparentemente dominante, percebe-se bem difundida a noção de que não se deve abusar, de que não se deve "dar bandeira". Por isso mesmo, a presença de outros tipos de consumidores de tóxicos no local pode provocar uma certa ansiedade. Não se sabe ao certo até que ponto compartilham-se as mesmas regras de segurança. Assim, tive oportunidade de presenciar, num dia da semana, a chegada de um grupo de três ou quatro "*hippies* do Museu", pessoas de origem social mais modesta que freqüentam habitualmente os jardins do Museu de Arte Moderna, consumindo tóxicos, e que são normalmente identificados como "barras-pesadas" que aceitam qualquer coisa, sem muitos critérios seletivos em seus gostos. Quase que imediatamente as pesoas do grupo estudado afastaram-se para um canto, demonstrando alguma preocupação e nervosismo, não aparentando nenhum interesse em "transar" com os recém-chegados, que, depois de ficarem uns 15 minutos, retiraram-se. Além do problema de segurança envolvido, a situação descrita revelou outro aspecto importante — uma certa dose de discriminação por parte dos jovens ipanemenhos de camadas médias altas em relação aos "*hippies* de Museu", de Zona Norte, oriundos de camadas mais modestas, alguns deles de cor. Em outras ocasiões, isso aparecia, mostrando os limites de *comunitarismo* do grupo em pauta.

Existem pessoas no grupo que têm acesso mais regular às fontes de fornecimento de tóxico. Nesse caso, ao contrário do grupo antes estudado, tanto rapazes como moças podem ir diretamente aos "transeiros", que geralmente são pessoas conhecidas que não se dedicam em tempo integral a esse comércio. São pessoas que, dispondo de um pequeno capital inicial, dinheiro da família quase sempre, começam a comprar maiores quantidades de tóxico e revendem para seus amigos e conhecidos. A segunda linha, ou seja, as pessoas que vendem para esses "transeiros" próximos ou participantes do grupo, é que parece ser muito mais difícil de identificar. Quanto a isso há uma grande discrição e reserva, e não vale a pena insistir, sob o risco de criar desconfiança e mal-estar.

O movimento da lanchonete, a partir de 20h, é muito intenso por parte desses jovens, com idas e vindas de pessoas a pé, de carro, moto ou bicicleta. De vez em quando, um grupo se afasta para ir à casa de alguém, cujos pais não estejam, por exemplo, às vezes não voltando, outras vezes não se demorando muito. Outros pegam um carro e resolvem dar uma volta pela Barra ou pela Floresta da Tijuca. Podem resolver tomar banho de mar à noite em uma praia, ir buscar ou visitar algum amigo etc. A relação sexual é uma possibilidade permanentemente aberta, sem que haja necessidade de maiores ênfases ou de se marcar descontinuidades. Nesse sentido, pode-se falar numa *dessacralização* do sexo. Segundo críticos desses jovens, como os boêmios ou os esquerdistas, tratar-se-ia de uma *banalização* do sexo. O comportamento sexual desses jovens parece mobilizar bastante as pessoas da "roda intelectual-artístico-boêmia", com um misto de fascinação e repulsa. De um lado, idealizam e fazem fantasias sobre a "liberdade" e "pureza" do comportamento da geração mais jovem, de outro, fazem restrições violentas ao "fim do romantismo", ao "barateamento do sexo" etc. Em nenhum momento pareceu-me que os jovens que freqüentam a lanchonete demonstrassem qualquer preocupação proselitista ou sequer estivessem preocupados em justificar intelectualmente o seu comportamento. Pelo contrário, uma das características básicas parece-me ser uma desvalorização muito grande de qualquer verbalização mais elaborada a respeito de sua vida. Voltarei a isso adiante.

Assim como entre os vanguardistas-aristocratizantes, as festas são importantes e freqüentes. As características destas, no entanto, parecem ser muito diferentes. Segundo depoimentos colhidos, há não só um uso muito mais generalizado de tóxicos, ou seja, ninguém ou quase ninguém fica de fora, como é muito comum as pessoas terem relações sexuais na própria festa: "Todo mundo muito louco... O pessoal fica trepando nos quartos". Em certos contextos, nessas festas, desenvolve-se o que tem sido denominado *sexo grupal*, em que várias pessoas têm relações sexuais umas ao lado das outras, trocando de parceiros e com três ou mais indivíduos "transando" sexo ao mesmo tempo, quebrando-se o esquema de dois parceiros sexuais. Frise-se que, entre os vanguardistas-aristocratizantes, o comportamento nas festas é radicalmente diferente, conforme foi descrito. Há outras importantes características especiais. Embora entre os freqüentadores habituais da lanchonete não houvesse nenhum tipo de grupo homossexual constituído, há evidentemente uma tolerância e aceitação muito maiores de relações sexuais com o mesmo sexo. Várias das pessoas já tiveram relações homossexuais, mas internamente não aparece a categoria *bicha*. Aparentemente, nenhuma das pessoas só tem relações com o mesmo sexo, havendo em alguns momentos uma valorização da "bissexualidade". De um modo geral, predomina o heterossexualismo, não havendo, em princípio, uma visão do homossexualismo como repulsivo, antinatural etc. No entanto, entre os surfistas propriamente ditos, parece haver uma maior tensão em relação a esse problema, sendo registradas ocasiões de conflito entre eles e grupos de homossexuais freqüentadores da praia de Ipanema. Há, portanto, uma preocupação de não se deixar confundir com os reconhecidamente homossexuais. A aceitação do bissexualismo dentro do grupo não significa que não haja desconfiança e até hostilidade ao "mundo homossexual".[50] Isso leva ao importante problema dos limites desse grupo de jovens. Precisar as suas fronteiras é ainda mais problemático do que no caso dos mais velhos examinados anteriormente. Há menor preocupação em explicitar verbalmente, em justificar as diferenças em relação a outros grupos e pessoas. A divisão básica já mencionada é aquela que distingue os "muito loucos" dos "caretas". Parece-me que, se de início essa distinção referia-se essencialmente ao uso de tóxicos, no caso desses jovens mais e mais ganha conotações ligadas ao comportamento sexual. A grande dificuldade consiste em que se fala pouco sobre isso, sendo apenas possível fazer hipóteses através da observação direta de seu comportamento. Trata-se de um segmento da juventude cuja cultura é basicamente pouco verbalizada. O incidente com os "*hippies* do Museu" antes descrito dá uma indicação, por exemplo, a respeito de um tipo de fronteira, ou seja, o fato de aquelas pessoas usarem tóxico por si só não permite uma acolhida espontânea. Embora não tivesse havido ne-

[50] Sobre o "mundo homossexual" da Zona Sul do Rio de Janeiro, ver Guimarães, 1977.

nhuma manifestação de hostilidade aberta, criou-se um clima de tensão. Em parte, isso se deu pelo fato de os "*hippies* do Museu" estarem invadindo território alheio. Pode-se imaginar que a situação seria muito parecida se o pessoal da lanchonete comparecesse em grupo aos jardins do Museu de Arte Moderna em certos horários. Algumas observações esparsas sobre a "sujeira" dos visitantes, depois que estes se afastaram, reforçava, por outro lado, a distância social entre gente da Zona Sul, de Ipanema e o pessoal da Zona Norte ou do interior que se congrega no Museu.

Nem todos os jovens da Zona Sul que utilizam tóxicos são freqüentadores habituais dessa lanchonete. No Leblon existe outra com características parecidas, com parte dos freqüentadores sendo comum, mas havendo grupos fixos nas duas. Jovens homossexuais freqüentam mais certos bares do Posto Seis, em Copacabana, embora possam ocasionalmente aparecer nessas lanchonetes. Em Ipanema mesmo há bares e pizzarias com uma clientela específica, embora de um modo geral tenda a ser mais velha, já mais entrada na casa dos 20, se aproximando dos 30. É evidente que não são áreas exclusivas, embora existam claras noções de territorialidade. Há sempre a possibilidade de indivíduos se deslocarem entre locais e domínios específicos, vivendo e participando de situações diferentes, paralelas ou contraditórias:

> "O que seria característico, então, da grande metrópole é a possibilidade de desempenhar papéis diferentes em meios sociais distintos, não coincidentes e, até certo ponto, estanques. Isso é o que seria o *anonimato relativo.* Não seria absoluto, exatamente porque a própria mobilidade que, de um lado, favorece o deslocamento entre diferentes meios sociais, dificulta a existência de áreas exclusivas. O estudo do chamado comportamento desviante mostra essa ambigüidade de identidade que faz com que as pessoas na grande metrópole assumam papéis que podem ser alvo de violenta discriminação em certos domínios, mas que encontrem situações e lugares onde possam ser desempenhados com relativa segurança." (Velho, 1975: 9).

Sem dúvida, a lanchonete estudada, assim como outros locais para diferentes grupos correspondem a uma relativa segurança. Existe colocada a possibilidade de deslocamento entre diferentes locais e domínios. Mas, no caso estudado, uma das principais características é a quase exclusividade do grupo sobre os seus membros. Ou seja, dificilmente as pessoas vão a outros bares e lanchonetes, e quando vão a lugares diferentes é em grupo, sendo praticamente impossível encontrar algum desses jovens em outro ambiente com companhias diferentes. Nesse sentido, se encontram menos com outros grupos ou pessoas do que os vanguardistas, esquerdistas e boêmios da "roda". As ocasiões em que cruzam ou interagem mais freqüentemente com pessoas diferentes é na praia e em concertos ou festivais de rock. Na praia, há lugares mais ou menos fixos, bem marcados, mas de qualquer forma é uma situação em que ficam próximos fisicamente de outros grupos.

Mas, ao lado de um núcleo mais ou menos fixo e estável, há um comparecimento de jovens na lanchonete, de caráter mais flutuante, que aumenta nos fins de semana e que problematiza mais uma vez os limites do grupo. Existe um tipo de pessoa que fica rondando o grupo, constituindo-se geralmente de indivíduos recrutáveis que querem se aproximar. Muitas vezes, conhecem membros do grupo do colégio, da rua, podem ser parentes etc. Tratam de imitar o que lhes parece ser o comportamento adequado e os padrões do grupo, pouco a pouco sendo assimilados, sendo socializados no uso de tóxico ou então rejeitados por não corresponderem às expectativas dominantes, podem ser considerados chatos, caretas etc. Sem dúvida, a admiração pelo surfe é um dos focos de interesse que atrai muitos rapazes e moças. Outra motivação obviamente importante para freqüentar o lugar é a possibilidade de encontrar pessoas para "transar", relacionamento sexual em geral. É um ponto conhecido e freqüentado por parte da juventude da Zona Sul. Isso constitui-se em atração. A utilização de tóxicos, mais uma vez, pode ser altamente diferenciadora. Conforme já foi mencionado, alguns dos freqüentadores do grupo utilizam Mandrix. É considerada a droga mais forte, com efeitos difíceis de serem controlados, de disfarçar — tremedeira, voz enrolada, precário controle do corpo em geral. É perigosa porque "dá bandeira", provoca insegurança no grupo, chama a atenção. É difícil precisar até que ponto pode ser aceitável a utilização de Mandrix para os freqüentadores habituais da lanchonete. Não existe uma proibição ou rejeição pura e simples, algumas pessoas usam mais do que as outras sem serem necessariamente discriminadas. Parece ser uma área problemática de definição para o próprio grupo. Mas o que parece claro é que o indivíduo "de fora" que apareça no local sob o óbvio efeito do Mandrix é discriminado e evitado, havendo atitude diferente em se tratando de maconha, por exemplo. Mais uma vez, o "fumo" aparece como fonte de aproximação, capaz de gerar sociabilidade, enquanto o Mandrix, pelo contrário, separa mais o que já está separado. Durante a época em que essas observações foram feitas, a cocaína não era especialmente difundida no grupo, fundamentalmente devido ao seu preço. Parece, no entanto, que logo depois, havendo uma escassez de maconha no mercado, teria havido um aumento de consumo de "pó".

O problema do relacionamento dos jovens que freqüentam a lanchonete com outras pessoas e freqüentadores do local merece um pouco mais de atenção. Como foi dito, normalmente não há maiores atritos, havendo uma convivência até certo ponto tranqüila. Há algumas coisas que podem alterar isso. Nos fins de semana, aparecem na lanchonete muitas pessoas que não costumam freqüentar o ponto, vindas de outras partes da cidade, às vezes de bairros da Zona Norte. Ao perceberem o grande número de jovens, vários com trajes considerados pouco convencionais ou "muito diferentes" dos usados nos seus bairros de origem, essas pessoas passam a observar com muita curiosidade, fazendo comentários em voz alta, o comportamento dos jovens. De um modo geral, não percebem a utilização de tóxicos, mas o relacionamento entre os sexos chama a sua atenção, coisa que já não costuma acontecer com os moradores de Ipanema, que já estariam mais habituados, sem que isso signifique aprovação ou endosso. Dessa forma, as pessoas vindas de outros bairros, passando por Ipanema, podem se envolver em certos tipos de atritos com os jovens locais. Ao notarem que estão sendo observados, estes podem começar a exagerar, enfatizando os aspectos de seu comportamento, especialmente o sexual, que poderiam chocar os "suburbanos", o "pessoal além-túnel" etc., mas podem ter até atitudes mais agressivas, interpelando ao se sentirem observados: "O que é que está olhando aí, cara?", "Quer alguma coisa?", "Nunca me viu?" etc. Ou, simplesmente, o que é mais comum, ficam rindo das pessoas de fora ostensivamente. Uma vez, vi duas meninas de seus 13 ou 14 anos que ficavam imitando as pessoas que estavam olhando para elas, macaqueando seu jeito de andar e falar.

Mesmo com os moradores da região, poderiam surgir atritos mais sérios. Cheguei a presenciar um início de alteração em que, ao passar por perto de algumas moças, um grupo de pessoas de meia-idade fez algum comentário que provocou reação, com palavrões. Em outra ocasião, uma senhora de seus 40 anos passava acompanhada do marido e de um outro casal. Ao passar por uma passagem estreita entre uma parede e um carro estacionado, onde se recostavam alguns jovens, não pediu licença, empurrando uma moça. Esta ficou irritadíssima, gritando: "Coroa sem educação! Não sabe pedir licença?" As pessoas não responderam, continuando a andar sem olhar para trás. Durante algum tempo aquele grupo de jovens ficou comentando, alvoroçado, o acontecido. Um episódio que não presenciei, mas que teve repercussão no bairro, foi um incidente envolvendo um casal de septuagenários e alguns rapazes e moças. Parece que um menino, membro do grupo, vinha de bicicleta e quase atropelou o casal de velhos, pois só os viu ou percebeu em cima da hora. O ancião exaltou-se e agarrou o braço do garoto, enquanto gritava. Outros jovens aproximaram-se e a situação acabou se transformando num início de conflito. Aparentemente, o senhor idoso chegou a ser agredido, havendo então a intervenção de outras pessoas, inclusive de outros membros do grupo estudado. Esse fato teve bastante repercussão e gerou um certo clima de desconfiança mais vigoroso contra os rapazes e moças. Mas, com o passar do tempo, a ausência de outros incidentes mais sérios fez com que a situação se acalmasse. No entanto, inegavelmente existe um certo grau de tensão permanente entre o grupo de jovens e os freqüentadores mais velhos ou, pelo menos, parte deles. Há uma forte desconfiança e, parece-me, um certo grau de latente animosidade de parte dos jovens contra pessoas mais distantes em termos de idade. A famosa frase que se tornou conhecida entre os postulados da contracultura na Europa e nos Estados Unidos, "Não confie em ninguém de mais de 30 anos", ganha uma certa concretude ao observar-se o comportamento desse grupo. Sem haver conflitos abertos freqüentes, esses casos que descrevi indicam a existência do problema. O fato de não serem mais freqüentes parece-me estar ligado a uma escala de valores existente no grupo, que enfatiza uma certa cordialidade. Ao contrário dos grupos que proliferavam em Copacabana algum tempo atrás, não há nenhuma valorização especial da violência. Mesmo atualmente, existem outros grupos de jovens na Zona Sul que têm como um de seus temas básicos a possibilidade de violência. Assim, há muitos praticantes de caratê, defesa pessoal e outras modalidades de luta. Enquanto isso, nesse grupo há uma tônica esportiva, com o surfe, não associada à prática de aprendizado de técnicas de luta. Alguns dos jovens tiveram como parte de sua educação um certo período em que freqüentaram academias de judô ou capoeira, mas atualmente não aparece nenhum interesse especial ou valorização desse tipo de atividade. Há vários estudos, alguns clássicos, sobre gangues juvenis em que a violência aparece como elemento fundamental de seus estilos de vida.[51] Aqui a valorização do físico está mais ligada, aparentemente, a uma dimensão estética e erótica. Uma das coisas que chama a atenção, por exemplo, ao se observar mais atentamente esses jovens reunidos, é a valorização do aspecto físico não só das mulheres como dos homens. Note-se a oxigenação dos cabelos já mencionada, um certo exibicionismo aparente, pelo menos, em que os rapazes "desfilam" pela calçada, num andar lento e rítmico enquanto as moças observam atentas. Já se disse que, semelhantemente ao *footing* da cidade do interior ou do subúrbio, os ho-

[51] Ver, por exemplo, Cohen, 1955; e Trasher, 1936.

mens ficam parados e as mulheres andam. Mas, com certos intervalos, há deslocamentos de rapazes, mudando de ponto, atravessando a rua, formando um outro grupo que obedece a um ritmo lento e marcado. Além disso, tonalidades de pele são comparadas, assim como roupas. Enquanto entre os vanguardistas-aristocratizantes já aparecia a elegância masculina como elemento importante, nesse grupo de jovens a valorização do corpo, da beleza masculina, aparece como tema fundamental e importante dentro do *ethos* dominante. Os vanguardistas cultivavam cuidadosamente a elegância e a boa apresentação, valorizando roupas finas, físicos esguios etc. No entanto, havia uma clara diferença em relação às mulheres, que eram por definição as que deviam ser belas. A inteligência e o talento seriam as medidas básicas do valor dos homens, embora aspecto físico fosse importante. Já aqui, o físico é tão importante para a mulher como para o homem, não aparecendo maiores diferenças. A preocupação dos rapazes com sua aparência é aceita com naturalidade, sem nenhuma suspeita ou insinuação de feminilidade. Isso tem relação clara com outro aspecto que parece ser diferenciador em termos de padrões de relacionamento sexual. Ao contrário dos vanguardistas-aristocratizantes, que quanto a isso se aproximariam mais das fórmulas tradicionais, entre esses jovens a mulher não só pode como parece desempenhar, com uma certa constância, um papel mais ativo e de forma explícita na aproximação entre os sexos. As mulheres tomam mais iniciativas em termos de escolha e rumo do relacionamento com os rapazes, como pode ser visto no seguinte depoimento:

"Mas agora as coisas são muito diferentes do seu tempo... Agora as gatinhas, são elas é que cantam os garotos... Só falam nisso o tempo todo: 'Olha só esse gatinho... vou transar com ele...', aí vão e dormem com eles. Eles vão, né, que jeito? Eles gostam... Elas transam com todo o mundo o tempo todo, não tem mais essa de namorado, só assim, uma semana..."

É interessante chamar a atenção para a palavra *gatinho* referindo-se a homens, enquanto no outro grupo emprega-se *gata*, sempre se referindo à mulher, não havendo a equivalência para homem, normalmente.

Logo, as mulheres tomam uma série de iniciativas sem que isso seja considerado desabonador, sendo perfeitamente aceitável. Isso não significa que os rapazes também não possam tomar iniciativas e fiquem na dependência dos primeiros passos da mulher. O que caracteriza esse grupo, em termos de relacionamento sexual, é uma certa igualdade quanto aos direitos de escolha e iniciativa. Frise-se que, entre os vanguardistas-aristocratizantes, um comportamento desse tipo por parte das mulheres poderia provocar discriminação. As moças que em alguns momentos de suas vidas chegaram a se aproximar um pouco mais desse tipo de comportamento sofreram estigmatização, embora as acusações não aparecessem formuladas necessariamente com clareza. Esperava-se que a mulher, nesse caso, assumisse um papel pelo menos aparentemente mais passivo, embora em termos de formulações verbalizadas se aceitasse a idéia de que a mulher tinha os mesmos direitos do homem etc. O homem poderia ser direto, a mulher, necessariamente indireta. Esse padrão era, sem dúvida, inexistente entre o grupo de jovens. Nesse ponto há mais uma grande diferença em termos de estilo de vida e visão de mundo.

Voltando ao relacionamento entre os jovens e outros grupos e indivíduos, verifica-se que o problema da tensão em relação a pessoas de mais idade associa-se a dificuldades de relacionamento com as famílias de origem. Fica patente que o estilo de vida adotado agride, de um modo geral, os padrões familiares, provocando todo tipo de conflito, como por exemplo:

"Minha mãe vive implicando... Fico no quarto com a turma, com o pessoal e a gente fuma às vezes, quase sempre. Ela saca. Por isso que é bom quando não tem coroa em casa. Ela saca e reclama e enche o saco. Diz que a casa dela vai virar um antro, maconheiro, coisa e tal... Aquele papo furado... Acha que sou mau exemplo pros meus irmãos menores. O meu irmão fumou a primeira vez foi comigo mesmo. Qual é o grilo? Não tem grilo... mas a coroa não quer saber. Por isso que eu quero me mandar... Não sei pra onde, qualquer lugar que não me encham."

Ou então:

"Meus velhos vivem atrás, me espionando, mexem nas minhas coisas, na minha roupa, não dá pra levar ninguém. O coroa berra à toa, não entende nada, vive atrás pra eu estudar, pra ir ao colégio, quer saber notas, essas coisas. Me chama de vagabundo, de boçal..."

Há, portanto, uma permanente tensão entre pais e filhos, evidentemente com variações no grau de acirramento nas relações. Há, por exemplo, um tipo de situação em que os pais podem adotar outra atitude:

"Eles disfarçam, fingem que não sacam... Mas sacam, sim. Não querem se aporrinhar. A velha, de vez em quando, solta umas piadas, conta umas histórias que contam pra ela de viciado, maconheiro. Eu só fico olhando, rindo, não digo nada..."

De qualquer forma, pode-se dizer que uma das características definidoras da situação desse grupo de jovens é o conflito mais ou menos declarado e assumido com as famílias. Tendo o uso de tóxicos como tema central de divergência, segue-se daí uma série de pontos de atrito, como situação escolar, "namoros", horários etc. Evidentemente, surge com muito vigor, em vários contextos familiares, uma reação contra as companhias dos filhos sob o efeito da visão epidêmica do comportamento desviante, identificando determinados indivíduos como poluídos e capazes de poluírem, espalhando o vício à sua volta.[52] Essa visão familiar expressa a necessidade de concretizar o mal, colocando exteriormente as ameaças. Fica muito clara a tendência de ver o mundo como ameaçador e corruptor. O impasse que surge leva os jovens, em geral, a reforçarem os seus laços com seu grupo de pares (*peer group*), evitando o contato com os familiares ao máximo. A reação contra o uso de tóxicos por parte dos filhos pode assumir várias formas, embora todas impliquem numa invalidação e rejeição dessa atividade. Enquanto certas famílias disfarçam, especialmente preocupadas com sua imagem pública, procuran-

---

[52] Young (1971) desenvolve a noção da "visão epidêmica", especialmente no capítulo 5.

do esconder a sua "vergonha" — ter filho maconheiro — , outras tomam atitudes militantes, procurando extirpar o mal pela raiz. Examinei isso em um trabalho anterior:

> "Trata-se do caso de jovens de camadas médias que são encaminhados por suas famílias a psiquiatras e clínicas em função de anomalias de comportamento que seriam indício de doença e perturbação mental... Os jovens em pauta, de uma forma ou de outra, haviam rompido com expectativas consideradas essenciais por seus familiares. O abandono ou o pouco caso pelos estudos aparecia quase sempre como um sintoma alarmante. A recusa em um engajamento numa preparação voltada para um futuro profissional produtivo apareceu como uma constante. A não participação ou o desinteresse por rituais familiares como aniversários, almoços dominicais, visitas a parentes, surgiu também como indício de um comportamento perturbador. Finalmente, a utilização de tóxicos viria reforçar o quadro, aparecendo, quase sempre, como sintoma definitivo. Em alguns casos surgiam acusações de desvio sexual — homossexualismo, lesbianismo, atribuídos a um estado de perturbação mental. O que importa é que essas pessoas estavam infringindo expectativas e se desviando de um padrão considerado normal ou desejável por seu familiares. A partir desta percepção e da dificuldade de 'reconverter' o jovem, todos os tipos possíveis de indícios viriam reforçar a imagem de doença. Um adolescente que passa parte do dia trancado no quarto, ouvindo música pop, evitando contato com seus familiares, pode estar dando mais elementos para o seu processo de acusação... A ida ao psiquiatra ou à clínica, então, vai se dar após uma série de etapas através da qual delineia-se a acusação. Tem-se estabelecida, na maioria dos casos, a situação de bode expiatório. O jovem acusado passa a ser o portador do mal que concentra toda a problemática das relações familiares em geral não conscientizadas e percebidas. Passa a ser o depósito de lixo familiar onde vão ser lançadas todas as ansiedades e dificuldades dos outros membros da família." (Velho, 1974b).

O trecho acima refere-se a acusações de doença mental, num contexto de famílias de camadas médias ascendentes, residentes na Zona Sul. Vários dos jovens acusados freqüentam ou tinham freqüentado locais como essa lanchonete e especificamente esta. Assim é que nesse grupo conhece-se o problema da internação pela família:

"Tenho duas amigas que estão internadas, elas estão grávidas e dizem que vão ter o filho..."

Ou seja, o comportamento do filho perturba e desorganiza as expectativas familiares, contestando valores básicos da visão de mundo dos pais ou dos parentes mais velhos em geral. Diante disso são mobilizados recursos para enfrentar a crise e a contestação. Exerce-se o poder familiar para controlar ou corrigir o desvio. É claro que, no artigo citado, eu estava discutindo uma das situações a que pode levar essa divergência de visão de mundo dentro da família. Não significa que seja norma no caso das famílias do grupo examinado. Os choques e conflitos podem não chegar a uma acusação de doença mental. Mas é importante lembrar que essa possibilidade faz parte do conhecimento dos jovens em pauta e é uma experiência próxima. Mas, como foi visto, há outros tipos de acusação que são acionados, como vagabundo, maconheiro, viciado, boçal, sujo etc. Sem dúvida, existem alguns casos minoritários em que, desde o início, há uma tentativa de convívio com as diferenças, mas a norma é se chegar, depois de muitos conflitos, a uma situação tensa e agressiva. É compreensível que apareça como projeto, entre esses rapazes e moças, a saída de casa, a procura de um lugar ou situação em que pudessem "ficar curtindo, sem aporrinhações". No entanto, parece ser minoria a proporção de pessoas que vivem fora da casa dos pais. Alguns passam tempos fora, na casa de amigos, ou vão passar temporadas com alguns de seus pares em Cabo Frio, Saquarema, Petrópolis. Parece haver um sistema em que o indivíduo que no momento esteja mal com seus familiares passa a ficar na casa da família de um amigo no Rio ou em casa de veraneio. O fato de não terem auto-suficiência econômico-financeira torna complicada a estratégia para realizar um projeto de afastamento da família. De uma maneira ou de outra, permanece uma dependência, em relação às famílias, do próprio indivíduo ou dos amigos, tornando ambígua a situação. A variação no nível de tolerância das famílias ou no tipo de experiência é suficientemente elástica para permitir uma certa margem de manobra, mas esta não é das mais amplas.

Por isso se entende que a descoberta, por parte da família, do fato de o jovem fumar maconha ou consumir outro tóxico possa assumir aspectos dramáticos. Nesse sentido, trata-se não só de tomar cuidado com a polícia, com as autoridades em geral, mas especificamente dentro de casa. O que acontece, muitas vezes, é que a mãe pode saber ou desconfiar do fato, mas ajuda a encobri-lo do pai, sem por isso deixar de recriminar o filho.

Por todos esses motivos é que é extremamente importante a vida em grupo desses jovens. A semiclandestinidade em que vivem torna o convívio e o contato com seus pares tão vitais como apoio e ponto de referência. Daí a dimensão comunitária, intensamente vivenciada e procurada. Ou seja, podem ser distinguidos dois movimentos, sem dúvida associados. Primeiramente há uma procura de experiências invalidadas e negadas pela *estrutura familiar,* com a busca de novas descobertas sensoriais, sexuais etc. A reação familiar, por sua vez, aguça a procura de integração e identificação com os pares. O tóxico, o rock, a música pop possibilitam partilhar experiências em que haja uma forte integração entre as pessoas em bases radicalmente diferentes das formas de comunicação em vigor nas famílias de origem. Nesse sentido, pode-se perceber o caráter altamente ritualizado das formas de sociabilidade que vigoram nesse grupo e em outros ligados ao que se costuma chamar de contracultura. Victor Turner (1974: 168-9) assim analisa essa dimensão da vida contemporânea:

> "Foram feitas recentemente algumas tentativas nos Estados Unidos e na Europa Ocidental, no sentido de criarem-se novamente as condições rituais nas quais, poder-se-ia afirmar, a *communitas* espontânea viria a ser invocada. Os *beats* e os *hippies,* mediante a utilização de símbolos ecléti-

cos e sincréticos e ações litúrgicas extraídas do repertório de muitas religiões, de drogas empregadas para a 'expansão do pensamento', da música rock de luzes faiscantes, tentam estabelecer a 'total' comunhão de uns com os outros. Esperam e acreditam que isso os torne capazes de atingir uns aos outros pelo *dérèglement ordonné de tous les sens*, numa reciprocidade terna, silenciosa, cognitiva e numa completa concretidade. O tipo de *communitas* desejado pelos homens tribais nos seus ritos e pelos *hippies* nos seus *happenings* não é a camaradagem aprazível e sem esforço, que pode surgir entre amigos, colaboradores e colegas de profissão, em qualquer tempo. O que buscam é uma experiência transformadora, que vai até as raízes do ser de cada pessoa, e encontra nessas raízes algo profundamente comunal e compartilhado.

O que me parece significativo no grupo observado é a pouca preocupação de elaboração ou justificativa intelectual ou ideológica para o seu estilo de vida. O *espontaneísmo* parece ser muito grande. Sem dúvida, existe a procura de uma "experiência transformadora" que rejeita as regras da estrutura, na busca de uma *communitas,* mas esse processo é praticamente não-verbalizado e é bastante diferente se comparado com a sofisticação e elaboração do discurso vanguardista-aristocratizante, que parte da negação de um determinado tipo de biografia. Entre os jovens, parece ser vigorosa a necessidade de afastamento do mundo "careta", que é basicamente representado pelas famílias de origem. Quanto ao problema do misticismo mencionado por Turner como dimensão de *communitas,* não me parece necessariamente tão marcado nesse grupo. Embora haja uma certa curiosidade por astrologia, ocultismo etc., está longe de ser preocupação dominante. Sei de outros grupos, no Rio de Janeiro, em que a influência de religiões orientais e outros cultos esotéricos como a teosofia é bem maior, revestindo-se inclusive, em certos momentos, de aspectos milenaristas. Uns dois anos atrás, por exemplo, um grupo de jovens *hippies* cariocas deslocou-se para uma cidade de Minas Gerais, onde esperariam a chegada de um planeta negro que passaria ao lado da Terra e para onde seriam puxadas as pessoas equivocadas, só permanecendo na Terra os puros, os predestinados, iluminados etc., que teriam a missão de reiniciar a vida no planeta em novas bases. Seria a própria espera do advento do milênio.[53] Outros grupos são basicamente vegetarianos, há os praticantes de ioga, há inclusive os que se aproximaram do espiritismo e da umbanda. Enfim, não há dúvida de que também entre os *hippies* brasileiros, entre os jovens consumidores de tóxicos etc., existe uma importante vertente mística. A participação nessa vertente, no entanto, não é uniforme, variando muito. No caso estudado, pelo que pude perceber, há um nítido predomínio de uma vertente hedonista, lúdica, erótica, embora esses elementos não estejam necessariamente ausentes entre os grupos mais místicos. De qualquer forma, é inegável o fascínio que exerce, em geral, sobre esse tipo de jovem, a dimensão mágica, sobrenatural. Por outro lado, poder-se-ia ver no hedonismo do grupo em pauta uma forma de misticismo em que a integração entre as pessoas — sensorial, erótica etc. — teria um significado que transcenderia a concretude das relações. Mas creio poder afirmar que, em termos de preocupação explícita, não existe maior ênfase em temas propriamente religiosos.

Uma questão importante é sobre os limites da *communitas*. Segundo Turner (1974:161),

> "Essencialmente, a *communitas* consiste em uma relação entre indivíduos concretos, históricos, idiossincráticos. Estes indivíduos não estão segmentados em função e posições sociais, porém defrontam-se uns com os outros mais propriamente à maneira do 'Eu e Tu' de Martin Buber. Juntamente com este confronto direto, imediato e total de identidades humanas existe a tendência de ocorrer um

[53] Sobre milenarismo, ver o livro clássico de Cohn (1970), onde há uma análise exaustiva sobre as origens e características do milenarismo. Entre os autores brasileiros, há que registrar os trabalhos de Queirós, V., 1966; e Queirós, M. I. P., 1965.

> modelo de sociedade como uma *communitas* homogênea e não estruturada cujas fronteiras coincidem idealmente com as da espécie humana."

Em se tratando de um tipo de *communitas* que se enquadraria no que Turner (1974:167-8) chama de existencial ou espontânea:

> " A *communitas* espontânea não pode nunca ser expressa adequadamente numa forma estrutural, mas pode surgir de modo imprevisível em qualquer tempo entre os seres humanos que são institucionalmente contados ou definidos como membros de algum tipo, ou de todos os tipos de agrupamento social, ou de nenhum. Assim como na sociedade pré-letrada os ciclos de desenvolvimento individuais e sociais são entrecortados por instantes mais ou menos prolongados de liminaridade ritualmente guardada e estimulada, cada um com seu núcleo de *communitas* potencial, assim também a estrutura de fases da vida social nas sociedades complexas é também entrecortada por inúmeros instantes de *communitas* espontânea, mas sem motivos provocadores institucionalizados e sem salvaguardas (...). Nas sociedades industrializadas complexas ainda encontramos traços nas liturgias das igrejas e em outras organizações religiosas, de tentativas institucionalizadas de preparação para o advento da *communitas* espontânea. Esta modalidade de relação, no entanto, parece florescer melhor em situações liminares espontâneas — fases entre estados em que o desempenho do papel sócio-estrutural é dominante, e em especial entre pessoas iguais quanto à categoria social."

Pode-se dizer que entre os jovens estudados há uma rejeição das posições sócio-estruturais e a procura de relações mais concretas e personalizadas. Mesmo entre os mais velhos, já entrados na casa dos 20, não se coloca, por exemplo, a possibilidade de um emprego fixo, mais ou menos convencional. Por outro lado, o desinteresse ou abandono dos estudos, da vida escolar, marca praticamente todo o grupo. Não há projetos nem planos que visem ao desempenho de papéis sociais ligados ao mercado de trabalho regular. Entre eles, ou seja, entre pessoas "iguais quanto à categoria social", não há diferenciação interna em termos de *status* e prestígio das famílias. As diferenças em termos de valorização interna estão ligadas aos temas já mencionados — tóxicos, surfe e música. É o desempenho nessas atividades — ou desviantes para os padrões dominantes ou marginais — que se constitui fonte de mérito para os indivíduos. Não há manipulação da origem social, diferentemente dos vanguardistas, e os critérios de sucesso da sociedade abrangente, como prêmios, fama, dinheiro, são secundariamente valorizados. Há uma integração muito grande em torno das atividades comuns, seja o consumo de tóxicos, festas ou prática de surfe. O próprio relacionamento sexual torna-se fundamental para a dimensão da *communitas* com a ausência de relações mais fixas ou estáveis, com as possibilidades deixadas em aberto, tanto em termos hetero como homossexuais, enfatizando os laços comunitários em detrimento de relações a dois, mais marcadas, que separariam do resto do grupo. A própria insistência ou excesso de possessividade quanto ao relacionamento afetivo e sexual podem ser malvistos e encarados como ameaça à visão de mundo e ao estilo de vida do grupo. As pessoas andam sempre juntas, fazem programas, se encontram para fazer alguma coisa ou "para não fazer nada". São pessoas essencialmente gregárias, que valorizam muito a possibilidade de ter companhia, que não gostam de ficar sozinhas, que sempre tendem a se reunir. Há poucas ocasiões, no cotidiano, em que ficam longe de seus pares. Seja na praia, seja nas casas dos amigos, na lanchonete etc., encontram-se sempre acompanhadas.

O seu mundo é basicamente do esporte, da música. É lúdico, festivo e erotizado. O seu comportamento então entraria violentamente em choque com uma moral da produtividade, especialmente do tipo puritano. O que provoca a reação de outros grupos, como Jock Young já mostrou ao estudar jovens ingleses, é o fato de esses indivíduos poderem se gratificar permanentemente.[54] Ou seja, não só não trabalham, como não aceitam o papel que a ideologia dominante lhes tenta impor — o de estudantes ou de jovens que se preparam para produzir, de uma forma ou de outra. Tanto as pessoas que trabalham como as que estudam, segundo esse modelo, têm direitos a determinados prazeres, ócio, na medida em que tenham cumprido o seu papel e pago a sua quota de esforço, suor etc. A expressão "primeiro o estudo, depois o divertimento" não faz sentido para esse grupo. A própria idéia de férias perde muito o significado original, pois de certa forma estão permanentemente em férias. Muitos abandonaram o colégio, outros mantêm uma relação de desinteresse quase que completo em relação a suas obrigações escolares. Logo, as férias não podem ter o mesmo sentido que para outros tipos de pessoas. As férias de fim de ano podem ter um aspecto especial porque, afinal de contas, é verão, época de praia, de surfe etc. Mas isso não significa que em outros períodos do ano estejam voltados para sua vida estudantil. Assim, não se trata de um grupo de jovens que nos intervalos de suas atividades sócio-estruturais reúnem-se "comunitariamente". Também não correspondem a outros tipos de indivíduos que, em determinadas épocas do ano, nas férias, na ausência da família etc., assumem papéis normalmente não desempenhados. O que se faz, de certa forma, com tudo que possa haver de ambíguo nisso, é *rotinizar a inversão da estrutura* (daí, talvez, *contracultura*). Roberto da Matta (1973: 134-5), no seu trabalho sobre o carnaval brasileiro, coloca questões fundamentais para o problema que, no momento, quero enfatizar:

> "Não resta a menor dúvida que um dos mecanismos utilizados para romper com a rotina da vida diária é ingressar no contexto 'onde tudo é possível', é a inversão do comportamento cotidiano (...). Mas para que uma neutralização ou inversão do cotidiano seja obtida, a sociedade utiliza certos artifícios universais. No caso do Carnaval brasileiro, o ins-

[54] Young, 1971, cap.5.

trumento básico para atingir o ambiente comunitário é o uso de fantasias. Um outro, talvez menos importante, mas igualmente significativo, é uma mudança de comportamento e atitudes (...). Uma mudança radical que chega com o Carnaval (ajudando dialeticamente a criar e consubstanciar a festa) é que as relações entre as pessoas não são mais fundamentalmente definidas em termos de símbolos sociais. Com isso pretendo dizer que, no Carnaval, os mediadores que operam relacionando posições e relações sociais deixam de ser importantes. As roupas passam a ser mais 'práticas' (geralmente apenas uma calça comprida ou calção e uma camisa esporte) e o próprio ato de vestir-se deixa de ser orientado segundo a posição ou ambiente social, para ser determinado pelo fato de que no Carnaval as pessoas querem 'brincar', o que exige liberdade de movimentos. A roupa, portanto, que é sociologicamente uma poderosa máscara de status, simplifica-se assumindo suas funções mais rudimentares; servirá para cobrir o corpo sem procurar tolher ou impedir seus movimentos. A mudança radical é, pois, uma liberação do corpo humano dos seus símbolos de posição, riqueza e prestígio. De fato, pode-se dizer, sem exagerar, que no Carnaval o corpo é despido e o normal é uma nudez, se não física (como acontece freqüentemente), ao menos social. É uma afirmação do corpo humano como instrumento básico de expressão do ser ou a mais simples redução da pessoa humana àquilo que ela possui de mais autenticamente seu. As roupas, portanto, que servem na vida diária para marcar posições sociais e descontinuidades entre os sexos, reduzem-se no Carnaval a sua expressão mais simples. De modo que, nesta ocasião, vestir-se é freqüentemente um despir-se (literal ou metaforicamente, no ato de colocar uma fantasia). Por outro lado, a liberação do corpo de seus deveres regulares de cabide de identidades sociais é também um ato simbólico que equivale a um voto de pobreza e humildade: um despojamento de tudo aquilo que marca as pessoas como ocupantes de certas posições permanentes na vida cotidiana."

Há uma série de características dentro do grupo estudado que remete a essa problemática do carnaval. Como foi visto, de um modo geral as roupas são simples. Além disso, essas "reduzem-se à expressão mais simples": calção, sunga, maiô, calça americana, camisas de malha, muitas vezes peito nu, no caso dos homens, sandálias ou mesmo pés descalços. A proximidade e importância da praia sem dúvida concorrem para isso. Há, portanto, um clima de informalidade predominante. Existem também as "fantasias", embora nesse grupo não apareçam tão intensamente como em outros grupos *hippies*, *freaks* etc. As pessoas podem aparecer vestidas com trajes que normalmente não são encontrados em outros contextos cotidianamente. São roupas coloridíssimas, brilhantes, cabelos das mulheres cheios e pintados de cores berrantes, como um vermelho vivo, jóias e adereços. Predominam os trajes esportivos entre homens e mulheres, mas é rotina a presença de algumas pessoas que "tiveram vontade", "estavam a fim", naquele dia, de se enfeitarem, enfatizando, levando ao exagero características da moda jovem da Zona Sul do Rio de Janeiro. A informalidade está ligada ao caráter lúdico do grupo, que também quer "brincar" como no carnaval, não necessariamente sambar, mas nadar na praia de noite, ir a uma festa de rock etc. A diferença fundamental consiste em que esses jovens estão permanentemente em disponibilidade para a brincadeira e o prazer. Não existem horários, atividades etc., em que, em princípio, tenham que abrir mão dessa aspiração. De certa forma "não têm horário", ou seja, não respeitam nem seguem os horários vigentes de acordo com um determinado calendário oficial onde o trabalho, as aulas estão pré-determinados, assim como os feriados, as férias, as horas de um "repouso merecido". Nesse sentido, a negação, inversão ou neutralização da estrutura seriam cotidianas.

É evidente que há, por isso mesmo, diferenças cruciais em relação ao carnaval. Esta é uma festa nacional, de toda a sociedade, prevista no calendário oficial. Supõe-se, espera-se e até estimula-se que as pessoas se divirtam, não trabalhem, não estudem, "botem pra quebrar", "caiam na farra", "aproveitem" etc. Para o grupo estudado, no entanto, o carnaval não tem maior importância, não é uma festa indispensável, na medida em que o seu cotidiano é muito mais permissivo e porque *não parecem ter interesse em ampliar os limites de sua communitas.* Logo, há dois problemas. Primeiramente o grupo em pauta não participa da noção de trabalho e lazer ou da dicotomia estudo e férias, que em princípio são dominantes na sociedade em que estão inscritos. Rejeitam-nas por seu comportamento cotidiano. Surge, claramente, mais uma vez, o "tema de conflito" (Yinger, 1960) ligado a uma definição de contracultura. Sempre questionando a pressuposição da homogeneidade da "cultura envolvente", não há dúvida de que se trata de uma situação em que há uma caracterização de um comportamento desviante, na medida em que as famílias, a escola e outra instituições condenam esse comportamento e tomam a iniciativa de pressionar esses jovens, como já foi mencionado. Sem dúvida, sua situação de jovens lhes dá uma certa margem de manobra, com um certo grau de tolerância dos outros grupos. Afinal de contas, "os jovens gostam de se divertir", "coisas da juventude" etc. No entanto, na medida em que o comportamento assuma cada vez mais características grupais, em que haja persistência, continuidade e consolidação de um estilo de vida desviante, providências passam a ser tomadas e irrompem cada vez com maior freqüência os conflitos com os adultos em geral e com as famílias em particular.[55] Por outro lado, sua origem social, o fato de pertencerem a famílias com um certo grau de prestígio social — profissionais liberais, altos funcionários — protege-os, até certo ponto, das ações policiais mais agressivas. O mesmo não se pode dizer dos já citados "*hippies* do Museu" e de outros grupos cuja origem social seja menos brilhante. O simples fato de terem como ponto de reunião uma lanchonete num dos pontos mais sofisticados da Zona Sul torna mais problemática a intervenção menos cuidadosa das autoridades. Sem dúvida, o comportamento de um modo geral pacífico do grupo não dá muito pretexto para tais intervenções. Todavia, se fosse um grupo mais modesto, freqüentando um local em algum

---

[55] "Desviantes sociais", nos termos de Goffman, 1975, esp. cap. 5.

desvão de bairro da Zona Norte ou subúrbio, não haveria necessidade de maiores pretextos. São bastante conhecidos os episódios em que jovens são abordados e perseguidos porque "estavam com cara de maconhados" ou "tinham um cabelo muito grande". Por outro lado, a condição "jovem" do grupo, como a própria categoria, é problemática e ambígua: há pessoas até de 11, 12 anos que participam dos encontros e reuniões, assim como outras de mais de 20. O que são então? Crianças, adolescentes, rapazes e moças, "jovens"? Há, portanto, até uma dificuldade de enquadrar esse grupo numa categoria preexistente. Não é fácil classificá-lo e enquadrá-lo dentro das expectativas dominantes. Ora, se todos andassem por volta dos 15 anos constituiriam um "grupo de adolescentes" que poderia ter seu comportamento explicado por todas as teorias sobre a instabilidade, rebeldia, exibicionismo etc., que seriam característicos dessa categoria. No caso de serem todos "maiores de idade", formariam um "bando de desocupados", "parasitas", "vagabundos" etc. Por isso mesmo verifica-se uma grande dificuldade de lidar com essas pessoas, fazendo com que se alternem, em certas situações, atitudes mais permissivas ("coisas da juventude") e atitudes fortemente repressivas ("bando de vagabundos"). É interessante perceber que, quando as expectativas de que seja uma fase que será ultrapassada parecem se frustrar, quando as crianças tornam-se adolescentes e estes transformam-se em adultos e não surge aquela mudança radical e automática que significaria a retomada do caminho desejado, da normalidade etc., podem surgir, por parte de famílias pacíficas e informadas, atitudes violentas e drásticas, como as já mencionadas.

Assim, ao contrário do carnaval, a sua permissividade e espírito lúdico são negados por outros grupos ou pessoas e, em lugar de aproximá-los comunitariamente do resto da sociedade, marcam as suas fronteiras, isolando-os.

Quando me referi ao fato de não parecerem ter interesse em ampliar os limites de suas *communitas*, indicava o fato de não se tratar de um grupo que tenha uma atitude catequética militante e que, por outro lado, é muito cioso de sua especificidade. Sem dúvida, existe um processo de recrutamento, mas não apresenta sinais de se constituir apoiado num discurso de "conversão". É muito mais o exemplo que passa a ser seguido, a admiração pelas proezas dos surfistas, pela beleza das pessoas que freqüentam o local, pelas atrações reais ou imaginárias que possa ter a sua vida. São irmãos mais novos, vizinhos, colegas de escola, pessoas que vão à praia de Ipanema etc., que se constituem na fonte de elementos novos. A curiosidade pelo uso de tóxicos e o fascínio que exercem sem dúvida concorrem para isso. Mas há barreiras bem marcadas nesse grupo. Não existe nenhuma procura deliberada, verbalizada, de "comunhão universal" ou coisa do gênero, que pode aparecer em outros contextos. Como mostrei, no exemplo da visita dos "*hippies* do Museu", há uma consciência nítida da particularidade do grupo que não é ultrapassada pelo fato de ser jovem ou de usar tóxico. Embora a divisão inicial e básica seja entre "caretas" e "não-caretas", o sistema de classificação é mais refinado e complexo. Há uma nítida atitude de afastamento, por exemplo, em relação a pessoas cujas características sociais — bairro de origem, estrato social etc. — sejam diferentes. É bom lembrar que não só são diferentes mas, de início, inferiores. A vida admirável, digna de ser vivida, superior, é a do jovem ipanemenho que pratica surfe, tem a sua prancha, pode ter carro ou motocicleta, que se veste de uma forma esportiva, porém com certos requintes, que usa tóxicos, em princípio seletivamente. Nesse sentido poder-se-ia perceber que o sentimento de superioridade em relação a outras pessoas ou grupos pode ser dimensionado de forma mais completa. Os "caretas", em princípio pessoas que não usam tóxicos ou que são conservadores em seus padrões de relacionamento sexual, obviamente são inferiores, pois não têm acesso às melhores coisas da vida. Mas há pessoas que usam tóxicos, que podem ter um comportamento sexual não convencional, mas que também são inferiores. Num nível, trata-se do conhecido fenômeno do etnocentrismo — o meu grupo é melhor, minha vida é mais interessante, minhas crenças são superiores etc. Mas, na medida em que são acionados estereótipos de sujeira, em que são valorizados bens como carro, moto, prancha, que os outros não têm, estão manipulando sua posição ou de suas famílias na sociedade abrangente e, nesse nível, mesmo que indiretamente, os papéis sócio-estruturais de que fala Turner. O estilo de vida do grupo, mesmo que seus membros não estejam voltados para as atividades valorizadas pelas suas famílias de origem, apóia-se na possibilidade de usufruir a posição sócio-estrutural destas. Falei no hábito de recolher dinheiro em casa com o desconhecimento dos pais. Evidentemente, isso só pode se rotinizar num determinado nível econômico-financeiro em que esses desfalques possam passar despercebidos pelo menos por algum tempo. Existem também as mesadas, que constantemente ultrapassam de muito o salário-mínimo regional. Quando se verifica a retaliação da família, cortando ou diminuindo a mesada, é justamente através da partilha "comunitária" com os companheiros de grupo que é possível manter determinados hábitos, como, inclusive, o consumo de tóxicos. Apenas o fato de serem famílias mais prósperas é que possibilita esse constante remanejamento de recursos que permite enfrentar a escassez que possa ameaçar indivíduos específicos dentro do grupo. É importante lembrar que essas pessoas gastam relativamente pouco, se comparadas com o grupo vanguardista-aristocratizante. Em primeiro lugar, não pagam casa, pois ou vivem com suas famílias ou passam temporadas em casas de famílias de amigos. Conseqüentemente, comida, alimentação, também não é problema. Frise-se que não existe nada parecido com o gosto dos vanguardistas por freqüentar restaurantes de luxo ou por consumir uísque escocês ou vinhos franceses. Roupa é basicamente obtida com o dinheiro familiar, podendo também haver trocas entre os membros do grupo. Portanto, a única fonte de despesas maiores são, sem dúvida, os tóxicos. Quanto ao resto, existe em geral plena abundância de recursos. Como no caso do grupo vanguardista-aristocratizante, a possibilidade de usufruir casas de campo, de veraneio, das famílias dá margem a uma das mais importantes alternativas que o grupo tem em termos de programas. Especialmente valorizadas são as casas de praia, como as da região de Cabo Frio, Araruama, Saquarema etc. Ali ficam com mais liberdade, muitas vezes livres da presença dos familiares, podem praticar o surfe, "curtir" a praia, ouvir música e viver sua vida sexual sem maiores problemas. Lembro que isso só é possível porque nem todas as famílias tomam, ao mesmo tempo, uma atitude monolítica de hostilidade ao estilo de vida de seus filhos. Há idas e vindas, ambigüidades, dúvidas sobre a melhor forma de educar os jovens, pais mais ou menos permissivos etc. Como as famílias têm posses, como no caso das mesadas, é muito difícil não se dispor de alguma casa fora onde possam se reunir. Sem dúvida, isso também é possível através de barganhas obtidas pelos filhos que ameaçam sair de casa "como fulaninho", "sumir", "cair fora" etc. Nesse sentido, é preciso entender que esses jovens não estão sem nenhum poder diante de suas famílias. Há possibilidades mínimas de barganha, com maiores ou menores possibilidades de conciliação. Mas o fato importante, que quero frisar no momento, é que o estilo de vida e a visão de mundo do grupo só podem se manter, nas características descritas, apoiados na posição sócio-estrutural de suas famílias.

Essa situação é bastante diferente de outros grupos de jovens que consomem tóxicos, cujas origens sociais, em princípio, não permitem a estratégia de vida já descrita. No Rio de Janeiro, mesmo na Zona Sul, há numerosos casos em que são encontrados jovens filhos de famílias bem mais modestas e que também têm um estilo de vida girando em torno do uso de tóxicos. Mas, ao contrário do grupo da lanchonete, vivem o problema de maior escassez de recursos. Suas famílias vivem de salários muito limitados — pequenos funcionários, comerciários, bancários, profissionais liberais menos bem-sucedidos etc. Além disso, há uma grande quantidade de jovens que vêm de fora do Rio, não morando portanto com suas famílias. Nesses casos, podem encontrar-se soluções do tipo como um grupo de jovens alugarem juntos uma casa modesta ou um apartamento, vivendo às vezes seis, sete pessoas num conjugado de trinta e poucos metros quadrados. São essas situações que dão margem aos estereótipos de promiscuidade e sujeira acionados contra essas pessoas. Na medida em que o tóxico é fundamental, outros itens são sacrificados. Alimentam-se às vezes precariamente, vestem-se com dificuldade, não podem comprar discos etc. É comum a aceitação da idéia de que é legítimo se apropriar de bens alheios. Nesse caso, não dispondo de famílias com recursos, é bastante comum os mais necessitados tirarem roupas, objetos como relógios, discos etc. de casas de jovens mais bem situados que possam freqüentar. Existe um comunitarismo também entre esses jovens, mas apoiado em uma escassez bem maior. Assim, muitas vezes podem surgir conflitos internos a respeito de apropriações indébitas. Vão à praia, mas não praticam surfe, não tendo dinheiro para pranchas, freqüentam *shows* de rock, na medida em que possam entrar sem pagar, enganando o porteiro, pedindo, ganhando entrada etc. Entre eles há várias pessoas de cor, sendo mais uma diferença importante em relação aos ipanemenhos da lanchonete. É possível inclusive encontrar pessoas de origem proletária que se integram a esses grupos, passando a acompanhá-los em suas atividades. De um modo geral, consomem maconha, Mandrix e outros remédios, tóxicos mais baratos. São capazes de descobrir propriedades intoxicantes nos xaropes aparentemente mais inofensivos. As bebidas que consomem são as mais baratas, como cachaça e cerveja, embora de um modo geral também não valorizem essa atividade. Esses são os jovens que, no seu cotidiano, estão mais sujeitos às ações policiais e à discriminação mais violenta de outros grupos sociais. Podem ser presos sem maiores justificativas, os lugares em que moram são constantemente denunciados, por vizinhos zelosos, como "antros de maconheiros". Têm grande dificuldade de alugar casa ou apartamento porque, além de terem pouco dinheiro, dificilmente encontram uma pessoa que possa ser aceita como fiadora e que aceite responsabilizar-se. Não têm como adiantar prestações e, como são facilmente identificados pelo tamanho do cabelo, tipo de roupa, jeito de falar, é extremamente complicado estabelecer residência em algum lugar. Uma das táticas empregadas é as pessoas disfarçarem-se de "caretas" para convencer o proprietário do imóvel. Para isso são capazes de cortar o cabelo, arranjar roupas que não os denunciem, até botar um terno com gravata. Quando conseguem, às vezes com intervenção e auxílio de algum conhecido um pouco mais bem colocado, não cessam as dificuldades.

É claro que seus rendimentos são irregulares. Alguns vendem peças de artesanato, fazem roupas etc. De qualquer forma é regra geral atrasar o pagamento do aluguel, dando margem a ações de despejo, pressões dos proprietários, etc. Por outro lado, é muito comum serem hostilizados pela vizinhança. Seja em grandes edifícios de conjugados, em casas de vila ou qualquer outro tipo de residência, sempre lhes são atribuídos comportamentos perturbadores.[56] Por motivos reais ou fictícios, são constantemente acusados de fazer barulho, realizar bacanais, fumar maconha, ficarem drogados etc. Quando moram no local pessoas dos dois sexos, então a situação fatalmente se complica. Diante de tudo isso, são pessoas situadas muito mais à margem da sociedade do que o grupo examinado em mais detalhes. Constituem o protótipo do *hippie*, e os "*hippies* do Museu" citados são um dos seus tipos.

Assim, o incidente narrado entre os jovens da lanchonete e os "*hippies* de Museu" não é uma coincidência ou um episódio isolado. Os dois grupos normalmente "não se transam". A diferença consiste em que, enquanto os ipanemenhos não costumam sair de seus locais habitualmente freqüentados, muitas vezes os *hippies* vêm a eles.[57] Estes são por definição itinerantes, embora também tenham seus redutos. Sem dúvida, a Zona Sul é ponto de referência central para todos esses grupos, daí o fato da necessidade de deslocamento. É muito difícil os *hippies* morarem em Ipanema, pelo preço e a elitização do bairro. Podem morar em Santa Teresa, Copacabana, Botafogo e bairros da Zona Norte. Há os que vêm do subúrbio. Quando vão à praia de Ipanema, ficam perto mas nitidamente separados do grupo de surfistas e jovens ipanemenhos em geral. Muitos não ficam em roupa de banho, permanecendo com suas roupas mais ou menos surradas e que, de certa forma, imitam as dos ipanemenhos, ou ficam em roupas de baixo. Na praia, são olhados com uma certa desconfiança, pois as pessoas temem ser roubadas ou

---

56 Sobre esse tipo de situação, ver Velho, 1971.

57 Os próprios jovens da lanchonete usam a categoria hippie para referiremse a esses "invasores".

coisa do gênero, e porque fumam maconha ostensivamente, causando alguma inquietação mesmo aos mais jovens de outros grupos, diante do fato de estarem "dando bandeira" sem nenhuma discrição ou sutileza. Quase todos não estudam e, em termos etários, estão bem próximos do grupo da lanchonete, embora a média de idade seja um pouco maior. São bem mais raras as presenças de pessoas de menos de 15 anos, embora existam alguns "mascotes". Isso parece acontecer porque suas atividades se dão, geralmente, mais afastadas de suas famílias e casas. Vários menores abandonaram seus lares, às vezes rompendo com as famílias. Pode-se dizer que, devido à relativa pobreza de sua origem social, não havia muitas formas objetivas de detêlos. Podem-se encarar essas experiências de vida, pelo menos no caso dos indivíduos de origem mais modesta, como uma estratégia talvez inconsciente de ascensão social. Ou seja, as carreiras possíveis, as oportunidades que teriam no mercado de trabalho tinham limites claros. A escolha de um estilo de vida *hippie* permite, através de seu nomadismo, a possibilidade de entrar em contato com situações e contextos altamente valorizados em termos de prestígio. Embora não tenham, em princípio, possibilidade de entrar como membros regulares de grupos jovens do tipo do da lanchonete, de qualquer forma passam a ir a lugares e freqüentar ambientes onde têm mais possibilidades de estar perto de uma série de símbolos de prestígio, basicamente aqueles que estão centrados na Zona Sul do Rio de Janeiro, com seu estilo de vida considerado mais sofisticado. Têm mais oportunidades de assistir a *shows* de rock, conhecem pessoas famosas, como cantores, músicos, vão à praia freqüentada por pessoas mais conhecidas, têm mais chances de terem acesso regular aos tóxicos do que geralmente nos seus locais de origem, sabem das "novidades" em termos de música, modas, hábitos etc. Podem, inclusive, imitar mais de perto os hábitos, a maneira de vestir, de pentear, de falar dos jovens dos estratos sociais mais elevados, como os examinados anteriormente. Isso explica, inclusive, uma questão que já foi tocada aqui antes, ou seja, o problema dos encontros e contatos entre os diferentes grupos de jovens.

Pode-se dizer que, considerando esse universo de jovens ligados ao consumo de tóxicos como um contínuo, seria encontrado num dos pólos o grupo da lanchonete, de estratos médios superiores, moradores dos bairros mais elitizados da Zona Sul, com muitos recursos à sua disposição, e no outro, o grupo que chamei propriamente de *hippie*, oriundo de estratos médios inferiores, às vezes com origens proletárias, que vêm de outros bairros ou cidades para freqüentar a Zona Sul, com vários indivíduos de cor, com muito poucos recursos. Entre os dois pólos, há uma série de gradações, com diferentes grupos e pessoas mais ou menos próximos de um dos pólos. Vai-se de uma maior proximidade de origens proletárias, cada vez mais distante da Zona Sul, de Ipanema, até uma progressiva aproximação com estratos médios superiores da Zona Sul. Estou me referindo aqui a essas faixas mais jovens que estou distinguindo do que chamei de "roda intelectual-artístico-boêmia". Poderia rotular o universo mais jovem, aceitando também denominação mais ou menos corrente no Rio de Janeiro, como *mundo da contracultura.* As características comuns seriam a juventude e o uso de tóxicos, e as diferenças referem-se aos pontos que venho desenvolvendo nos últimos parágrafos. Ao fazer isso, não estou afirmando que os jovens da lanchonete tenham maiores identificações com os "*hippies* do Museu", nem que estejam mais próximos destes do que dos vanguardistas-aristocratizantes. Estou, por enquanto, verificando as possibilidades de aproximação ou afastamento em função da *idade* e da *posição na estratificação social.*

Há uma certa tendência, expressa em jornais e meios de comunicação de massa em geral, de frisar a especificidade desses segmentos mais jovens, colocando-os como se constituíssem uma unidade. Assim, fala-se em contracultura, em *hippies* etc. No entanto, quando chegamos a um nível de observação mais cuidadoso percebe-se que as diferenças internas são tão significativas a ponto de colocar em dúvida aquelas premissas. O uso de tóxicos aparece como fato tão violento e mobilizador para a cultura dominante que passa a ser o foco de todas as atenções, fazendo com que se ignorem problemas cruciais. Por exemplo, o grupo da lanchonete não se identifica mais com os "hipões", com o pessoal do Museu, do que com outros jovens que talvez não usem regularmente tóxicos mas que pratiquem o "surfe". Nesse caso, a fronteira marcada pelo tóxico pode ser extremamente frouxa. Ou seja, o tóxico aproxima, mas dentro de certos limites. A atitude dos jovens da lanchonete em relação aos jovens suburbanos, da Zona Norte, mesmo consumidores de tóxicos, se aproxima da vertente "aristocratizante" analisada em capítulo anterior. O seu "comunitarismo" não inclui essas pessoas de origem bastante diversa da sua, marcando, portanto, fronteiras entre categorias sociais distintas. Como foi visto, embora a dicotomia "careta" *x* "não-careta" seja crucial, existem também operando princípios de hierarquização, distinguindo categorias de pessoas quanto ao seu estrato social de origem, posição sócio-estrutural etc. A ideologia comunitária aparece com maior vigor entre os grupos de origem social mais modesta, podendo ser vista como uma forma de ter acesso a bens concretos ou simbólicos habitualmente mais exclusivos de estratos sociais superiores. Ou seja, o comunitarismo tende a extravasar mais os limites de cada grupo quanto mais baixa; inferior, for a posição sócio-estrutural de seus membros. Entre os estratos superiores, o compartilhar, a *communitas* tende a fixar-se nos limites de sua categoria, de seu grupo. Eventualmente, pode haver situações em que as fronteiras do grupo fiquem menos marcadas, mas essa não é a regra.

***

O grupo de jovens da lanchonete pertence basicamente aos mesmos estratos sociais dos vanguardistas-aristocratizantes. Vários pertencem às mesmas famílias, e muitos ao mesmo círculo de relações. Constituiriam, portanto, um segmento mais jovem que teria uma certa especificidade etária, com experiências particulares, mas com a mesma origem e basicamente tendo por detrás de seu estilo de vida e visão de mundo os mesmos recursos potenciais. Em termos de *ethos*, de *eidos*, de características afetivas e cognitivas do grupo da lanchonete, poder-se-ia chamar atenção para os seguintes pontos:

- O grupo como referência. Há uma óbvia ênfase na integração e nos interesses comuns. As atividades principais são, em princípio, partilháveis. A experiência com tratamentos analíticos e psiquiátricos aparece com menos vigor e desperta menos interesse do que entre os vanguardistas-aristocratizantes. As atividades comunitárias são altamente valorizadas. A competição parece ser bem menos violenta, mas há uma forte preocupação com as condições físicas, sendo o esporte um tema central, constituindo-se num dos critérios de maior ou menor sucesso.

- A beleza e a saúde são importantes. Tanto a mulher como o homem preocupam-se muito com seu aspecto. Há uma constante exposição do corpo. Sendo a praia um local fundamental, o gosto por roupas que deixem o corpo com movimentos livres, a seminudez, é constante. Não deixa de haver aqui um tipo de competição.

- A vida afetiva e sexual do grupo é altamente comunitária, não havendo nada parecido com os casais estáveis do grupo vanguardista-aristocratizante. A monogamia é desvalorizada, ridicularizada, e não aparece a categoria traição em termos de relações intersexuais. Em termos de vida sexual, não haveria maiores restrições às mulheres do que aos homens, pelo menos internamente ao grupo.

- O hedonismo do grupo gira em torno basicamente do sexo, dos tóxicos e do esporte. Não existe maior ênfase em preocupações de consumo. Teriam uma vida relativamente "simples", comparada com a dos vanguardistas. Aceitam os bens de que dispõem como naturais, sem discutir suas origens, não demonstrando maior interesse em aumentá-los. Não precisam trabalhar para sobreviver e para manter o seu estilo de vida. Não surge a dicotomia trabalho ou estudo x lazer.

- O discurso do grupo é pouco elaborado, havendo não só pouca ênfase como uma desvalorização da verbalização. As pessoas não falam muito, seu vocabulário é limitado, havendo uma linguagem não-verbal de gestos, toques, contato físico bastante marcada. Há desconfiança em relação a pessoas que falem de forma "abstrata", valorizando-se as experiências concretas, as sensações. O tóxico é fonte de experiências sensoriais ricas, que não precisam ser verbalizadas. Não parece haver ansiedade para "explicar"as sensações. As pessoas sabem por experiência própria e os novatos aprendem na prática.

❑ As relações dentro do grupo são extremamente cordiais e amistosas, não havendo maiores conflitos e desentendimentos. Há, portanto, bastante consenso. De um modo geral, não se notam atitudes mais agressivas, tanto interna como externamente. Em relação aos outros grupos, adotam atitudes ou de uma cordialidade distante ou de indiferença. A consciência da existência de um grupo não aparece de forma muito enfática em termos do discurso, mas no nível do comportamento concreto há fortes indícios dessa consciência.

***

Resta examinar, finalmente, como esses jovens representam e se situam diante da política. Não é um problema fácil, pois as próprias características de desvalorização do discurso mais elaborado, a limitada verbalização, a ênfase numa linguagem corporal expressiva, tudo isso torna a pesquisa nesse nível um esforço de interpretação num terreno especialmente escorregadio.

Não existe nada do que habitualmente se entende por cultura política. Lê-se muito pouco, desconhece-se a história em geral, especificamente a do Brasil. Para exemplificar, uma pessoa entrevistada não sabia quem era João Goulart, não sabia que o Brasil tinha sido monarquia e ignorava o nome do governador do estado da Guanabara. Esse tipo de desinformação era bastante generalizado. Para muitos membros do grupo, os nomes de pessoas, fora de seu imediato círculo de relações, só são reconhecidos se ligados a música, cantores, ídolos de rock etc. Alguns lêem as páginas esportivas dos jornais, mas não há nenhum interesse pelo noticiário político. Têm vagas noções a respeito da existência de "comunistas", ouviram falar, em certos casos, de assaltos a bancos, mas não revelam curiosidade ou interesse pelo assunto. Sabem um pouco mais a respeito do Vietnã, pois algumas músicas americanas que ouvem mencionam o tema. São, em princípio, contra a guerra e parecem achar muito estranho que as pessoas se interessem por brigar por motivos políticos:

> "Não sei não... O coroa fala do Vietnã, da guerra... Vi um filme da guerra dos alemães... Tenho um tio que foi à guerra, ficou meio matusquela, pirou, sabe? Muito americano morreu, né? Tem até uma música de um cara que tem um disco que um chapa meu tem... Não lembro, mas é da guerra. Não sei não... Acho que queriam tomar a terra deles, né? Tem gente que se amarra... Vi um filme de guerra que o cara era um pirado... Saía todo pintado de preto, pichado pra matar alemão, não, não... era chinês. Ele matava e dançava um rock, uma dança meio maluca. Não curto essa não..."

No entanto, há quem tenha ouvido falar de pessoas do círculo de relações de sua família que se envolveram em política, que foram presos, sofreram sanções etc.:

> "Conheço um cara que foi preso, era meio comuna, amigo de um primo meu que estava na faculdade. O cara apanhou paca. Ficou magro paca. Era coisa de subversão. A cana não é mole."

Esse conhecimento é vivido de uma forma muito distante, como se estivessem contando um filme. Aliás, sem ter o hábito das elucubrações teóricas de outros grupos mencionados, a ida ao cinema é uma atividade regular para algumas pessoas do grupo. Além dos filmes em que apareçam *shows* de rock, gostam de filmes de mocinho e bandido, coloridos e movimentados. Vêem também muito televisão, vários tipos de filmes, desenhos animados, policiais etc. Pude observar que alguns gostam de contar, com detalhes, vagarosamente, um filme que tenham visto no cinema ou na televisão. Os outros ouvem, às vezes fazendo algum comentário, rindo muito, prestando atenção nos detalhes engraçados. Não têm interesse ou o hábito de prestar atenção aos noticiários da televisão. Gostam muito de ver televisão em cores, extraindo especial prazer estando sob o efeito da maconha. Não são comentados, em princípio, acontecimentos políticos nacionais ou internacionais que teoricamente estariam interessando à opinião pública, merecendo destaque na imprensa.

Nos colégios, suas atividades nos grêmios são basicamente esportivas e recreativas. Alguns jogam futebol, vôlei, praticam judô, fazem artesanato, cerâmica e sobretudo tocam instrumentos musicais. Podem reclamar do colégio e dos professores, falando em "caretice", reclamando de um professor, por exemplo, que fica "enchendo o saco" etc. Um tipo de situação que provoca uma reação mais generalizada é contra medidas que interfiram em sua maneira de vestir, cortar o cabelo etc. Esta área, de *liberdade individual,* parece ser extremamente sensível, podendo levar a uma mudança de colégio, idas dos pais à escola, etc. De qualquer forma, como já foi mencionado, a vida no colégio, na escola, não parece ocupar um lugar muito importante na vida desses jovens. Trata-se de alguma coisa que fazem com o objetivo de não se aborrecer demais em casa com a família. O máximo de interesse que pode haver é a possibilidade de encontrar com amigos que estejam no mesmo educandário. Não há interesse por vestibular e faculdade, parecendo ser meio absurdo imaginar-se que um jovem normal e saudável pudesse pensar em passar um ano trancado, estudando, sem encontrar os amigos, não indo à praia etc. Vários já ultrapassaram a idade em que se esperaria que estivessem entrando para a universidade. Muitos prolongam indefinidamente o curso secundário, outros largam a escola, e, dos que terminam, quase nenhum faz vestibular, e a idéia de uma vida universitária voltada para uma profissionalização soa repugnante. Mais uma vez surge, nitidamente, um conflito com objetivos ligados a uma visão de mundo "produtivista". Tudo que não seja fonte de prazer, que frustre a possibilidade de prazer, que adie ou dificulte é ruim, não vale a pena, é desinteressante.

Na medida em que a preocupação política signifique um desvio de atenção, de tempo, constituindo-se em fonte de preocupações, ela é estranha à visão de mundo desse grupo de jovens. Frise-se que, ao contrário dos vanguardistas-aristocratizantes, não existe em suas biografias um passado de atuação, participação ou interesse políticos. Não participaram de passeatas, greves ou reivindicações políticas. Os mais velhos estavam nos primeiros anos do curso secundário em 1968 e em pleno curso primário em 1964. Vários nem tinham entrado para a escola na época da queda do governo João Goulart. Assim, esses fatos soam remotos, distantes. Muitos ignoram totalmente a existência de uma mudança no país, mais vigorosa, em 1964. Não simpatizam com os militares, na medida em que estes seriam a própria encarnação da "caretice", e desenvolvem esforços prodigiosos, geralmente com o apoio familiar, para evitar o serviço militar. Acham engraçado e sem sentido a vida militar, com horários rígidos, disciplina, punições etc. Contam histórias de quartel, que ouviram falar através de algum conhecido, como se estivessem falando de uma história de ficção científica, com seres de outro planeta. Têm horror à polícia, que os ameaça na sua visão de mundo diretamente. O uso de tóxicos faz com que estejam bem conscientes de que podem ser punidos, embora achem totalmente absurdo e até incompreensível. Nesse sentido, preocupam-se em armar estratégias e táticas que os defendam da repressão policial. A tranqüilidade não é tão grande quanto possa parecer, havendo sempre, quando estão em lugares públicos, uma certa tensão. Identificam a polícia como inimiga, pelo menos potencial, e sabem que têm que tomar precauções. Assim, *organizam-se* no seu cotidiano para poder continuar a usufruir os prazeres dos tóxicos, que julgam legítimos e que não aceitam perder. Da mesma forma, sabem identificar não só os "caretas" como os "empresários morais" de que fala Becker, pessoas dispostas a convertê-los, a denunciá-los, mesmo que não tenham que vestir uniforme para isso.[58]

Sabem, de experiência própria, distinguir indivíduos que tenham uma atitude militante contra os tóxicos e seu estilo de vida. São capazes de perceber essas pessoas pelo olhar, pela maneira de falar etc. Assim, a sua indiferença e tranqüilidade não são tão grandes a ponto de fazer com que estejam desatentos a possíveis sinais de hostilidade e perigo. Embora menos ameaçados e perseguidos do que os "*hippies* do Museu", não se consideram seguros e imunes a perseguições.

Evidentemente existe, mais ou menos diluída, uma visão de um mundo melhor. Quanto a isso há uma influência de vagas idéias orientalistas, respeito à natureza (o problema da ecologia sensibiliza algumas pessoas) e, sem dúvida, formulações que chegam de forma bastante indireta de teóricos ligados à chamada contracultura, como Alan Watts, Timothy Leary etc.[59] Essas idéias não são remetidas diretamente a suas fontes originais, não havendo no grupo estudado a identificação de autores específicos. Na realidade, é através de uma limitada comunicação verbal que noções sobre liberdade individual, transcendência, viagens interiores, desenvolvimento ou redescoberta da sensibilidade etc. circulam entre esses jovens. Existem indivíduos que, por diferentes circunstâncias, conhecem e se dão um pouco mais com pessoas que não são propriamente do grupo. Assim pode-se ter acesso a pessoas da chamada "contracultura brasileira", que manifestam alguma preocupação teórica ou pelo menos divulgam as coisas que vêm dos Estados Unidos e Europa. Essas informações chegam ao grupo em pauta fragmentadas, simplificadas, produto que são de um processo de transmissão mais oral do que escrito, sem maiores preocupações de rigor e fidelidade. No entanto, essas formulações são mais ou menos aceitas, embora, com raras exceções, não se verifique maior gasto de tempo com esse tipo de assunto. De certa forma, poderia dizer que, havendo necessidade, em determinados momentos, de invocar coisas "mais abstratas", de justificar vagamente um comportamen-

[58] Ver Becker, 1963, cap. 8.
[59] Ver Watts, 1957, 1961 e 1967; e Leary, 1968a e 1968b.

to, uma opção, pode haver uma referência a essas idéias. Já foi mencionado que, ao contrário dos vanguardistas-aristocratizantes, o discurso psicanalítico não tem tanto prestígio e importância. Parece-me que a razão disso é que são tratamentos em princípio acionados pelas famílias, dentro do processo de acusação desencadeado contra o estilo de vida e os hábitos dos filhos. Enquanto entre os vanguardistas a psicanálise era geralmente escolhida pelos membros do grupo, procurando novas formas de ajustamento, enfrentando ansiedades e angústias, no caso desses jovens, tais tratamentos apareciam como imposições da família. Assim, médico, psicanalista e familiares aparecem unidos pelo propósito de modificá-los, tentando fazer com que larguem os tóxicos, voltem à vida escolar regular etc. Assim, a psicanálise não é vista como um enriquecimento, mas como uma ameaça, ou até um ato de força, de coerção, uma imposição de outras pessoas, e não um ato de escolha, de livre opção.

Já mencionei a existência de elementos milenaristas entre grupos de jovens que utilizam tóxicos. Citei o exemplo dos que se deslocaram para uma cidade mineira à espera de algo como a advento do milênio, a chegada de um planeta negro que separaria os bons, iluminados, dos maus, dos não-escolhidos. O grupo estudado não é totalmente imune a idéias sobre a Era de Aquário, época livre, sem repressões, de plena felicidade. No entanto, entre os grupos que consomem tóxicos, há vários outros que encarnam melhor, mais vigorosamente essa expectativa. A razão disso parece-me ser que, fundamentalmente, os jovens em pauta não estão à procura de uma Terra Prometida ou de uma Idade de Ouro, na medida em que a Ipanema na década de 70 para eles oferece boas possibilidades de uma vida bem vivida, de acordo com seus valores. Embora tenham problemas e conflitos, não estão em estado de *deprivation* (privação), sua vida apresenta relativa segurança e estabilidade, não estão sofrendo maiores impactos e violência na sua cultura e hábitos.[60] Embora individual-

[60] Sobre causas e condições associadas ao milenarismo, ver principalmente Cohn, 1970.

mente possam manifestar descontentamento com suas famílias, escolas etc., não parece existir um sentimento geral de insatisfação dentro do grupo. Estão sendo capazes de armar estratégias que, dentro de certos limites, lhes dão uma margem de manobra. Principalmente, têm condições de obter, através de seu grupo de pares, apoio material e psicológico, advindo de suas características internas de *communitas*. Assim, pode-se falar que demonstram capacidade de ter um certo "controle sobre seu meio ambiente", manipulando, portanto, *poder,* fazendo reivindicações, ganhando aqui, perdendo lá.[61] É claro que, em princípio, estão em posição de inferioridade relativa, dependendo de dinheiro e recursos das famílias. Mas, frise-se, não se pode encarar o fato como se cada pessoa individualmente dependesse de sua família de origem, exclusivamente. É justamente a possibilidade de serem mobilizados recursos das famílias dos membros do grupo, havendo um sistema de reciprocidade, de certa forma uma "caixa comum", que dá as bases para a capacidade de barganha desses jovens. Isso também só é possível porque as famílias, em geral, são de estratos médios superiores, pois outros jovens de famílias mais modestas não têm condições de enfrentar da mesma forma tais pressões. Ou seja, para o grupo estudado, a escolha de um caminho e de uma vida "desviantes", segundo os padrões de suas famílias, não os coloca num beco sem saída em que tenham ou de romper definitivamente com suas origens, optando por uma "liberdade com escassez", ou então de renegar o estilo de vida de seus pares, ficando numa "confortável prisão".

De qualquer forma, sem dúvida, têm uma atitude de desconfiança em relação à autoridade, seja familiar, escolar, policial etc. Prezam muito seus direitos de escolha e liberdade, não se enquadrando em esquemas que se baseiem em disciplina, compromissos e obrigações. A sua "política" consiste em organizarem-se para desfrutar as "coisas boas" da vida, realizar seus desejos e objetivos de prazer, gratificação lúdica, sensorial, sexual etc. Não têm manifestas intenções proselitistas, e sua atitude se

61 Ver Adams, 1970.

aproxima mais do *live and let live*. Assim, não polemizam propriamente com ninguém, procurando realizar seus valores com o mínimo de desgaste. Não demonstram nenhum interesse mais contínuo ou persistente pela sociedade como um todo, o país e o mundo. De certa forma, um tanto diferente do caso vanguardista-aristocratizante, são hedonistas sem culpa ou com um mínimo de ansiedade.

CAPÍTULO 5

Semelhanças, diferenças e contrastes

Seguem-se algumas observações metodológicas. A questão inicial refere-se ao já tantas vezes discutido problema da *comparação*. Até que ponto posso comparar os dois grupos estudados? A pergunta cresce de interesse na medida em que a maneira de pesquisar, as técnicas empregadas diferiram bastante. Os dois grupos foram abordados pelo pesquisador em situações claramente dessemelhantes. Assim, minha preocupação inicial será explicitar essas diferenças para depois refletir sobre as suas conseqüências.

O grupo vanguardista-aristocratizante, sem dúvida, está bastante próximo de minhas experiências de intelectual, morador antigo da Zona Sul do Rio de Janeiro. A faixa etária em que me encontro (30 anos) é aproximadamente a média do grupo. Conheço várias das pessoas há muitos anos, sou amigo de alguns e, sem dúvida, representam parte considerável do meu círculo de relações. Assim, até certo ponto, faço parte do universo investigado, tendo vivências e experiências muito próximas. A minha presença não causa nenhuma estranheza, não provocando maiores embaraços. Em termos de estilo de vida, a minha família de origem, meus hábitos, meu *status* de "intelectual com livro publicado" e, muito importante, meus interesses e atividades em sociologia da arte justificavam sobejamente a minha participação. Não quero esvaziar friamente o lado afetivo existente ao enumerar esses dados. Trata-se de mostrar que, ao lado da amizade e afeto, sem contradizê-los, mas reforçando-os e possibilitando o seu florescimento, eu apresentava *características sociais* que me tornavam aceito, em princípio, pelo grupo como um todo. De certa forma estou falando do *caráter social* da amizade, ao enfatizar que existe uma escala de valores, uma ideologia que sanciona as relações afetivas. É justamente através disso que se constituem grupos de pares de base voluntária em que as pessoas "escolhem" os seus companheiros. Portanto, na realidade, o problema da minha participação remete diretamente a um dos temas centrais deste trabalho, ou seja, o das fronteiras entre os grupos sociais.

A questão aparentemente mais delicada seria o consumo de tóxicos, na medida em que trata-se de uma atividade clandestina. No entanto, porque eu era amigo ou conhecido de vários antes da introdução dos tóxicos e porque aceitava o fato de as pessoas consumirem o que quisessem, facilitava o relacionamento.

A participação do pesquisador em atividades desviantes já foi bem discutida por outros autores.[62] Sempre provoca problemas éticos, morais, para o investigador, além de ameaçar direta ou indiretamente a sua segurança e a do universo investigado. Não fiquei imune a esses problemas, que me custaram momentos de ansiedade e horas de sono. A solução encontrada, através do dia-a-dia, sem maiores maquiavelismos ou planos sofisticados, foi de uma observação participante em que os limites dessa participação eram estabelecidos contextualmente. O fato é que pude observar e participar da vida dessas pessoas sem ser rejeitado ou hostilizado, merecendo a amizade de alguns e a cortesia de todos.

Assim, com esse tipo de conhecimento e intimidade, pude, através dos anos, observar a constituição do grupo, as mudanças na vida das pessoas, as crises, com detalhes. Participei de muitas das dúvidas morais das pessoas, de suas indecisões. Não só observei o seu comportamento, procurando deduzir seus sentimentos e pensamentos, como senti e pensei como elas em vários momentos. Insisto em que o tom possivelmente crítico que possa aparecer neste trabalho não deve ser interpretado como uma desvalori-

[62] Ver, por exemplo, Humphreys, 1970, sobre homossexualismo; e Agar, 1973, sobre o consumo de heroína.

zação do estilo de vida do universo investigado, mas como uma preocupação com um tipo de experiência que me afeta pessoalmente, porque sei que participo também, em muitas situações, de uma visão de mundo vanguardista-aristocratizante, assim como das outras duas vertentes assinaladas, a boêmia e a esquerdista.

Quanto ao outro grupo, a situação de pesquisa era bastante diferente. Primeiramente eu era mais velho, professor, trabalhando regularmente, com horários, projetos, enfim, um "caretão" segundo os padrões do grupo. A minha condição de cientista social, intelectual etc., longe de me valorizar, aumentava o fosso. A minha maneira de vestir, meu vocabulário denunciavam-me imediatamente. Não tinha sentido e seria impossível "disfarçar-me" para tentar conquistar sua confiança. Assim, tive que me valer de uma série de recursos indiretos para realizar a investigação. Precioso foi o auxílio de meu assistente de pesquisa, mais jovem, conhecendo vários dos membros do grupo e com trânsito relativamente fácil, embora longe de estar livre de dificuldades. As entrevistas eram muito mais difíceis, e muitas vezes tinha que me valer de intermediários, como irmãos mais velhos de membros do grupo, para conseguir acesso. Ressalte-se a aversão desse grupo, inversamente aos vanguardistas-aristocratizantes, a falar, explicando, justificando, esclarecendo sua experiência. Como já foi assinalado, a expressão verbal podia ser desvalorizada, havendo forte desconfiança em relação a pessoas "faladoras". Por outro lado, o meu domínio do código do grupo sempre foi muito inferior comparado com o primeiro. Enquanto em relação aos vanguardistas-aristocratizantes eu era capaz, com relativa facilidade, de perceber meios-tons, sutilezas etc., tive que me esforçar muito para não só captar tons mas o próprio vocabulário dos jovens. Ou seja, embora estivesse na "minha sociedade", na cidade em que moro, na área que normalmente freqüento, lembrava-me, por exemplo, de certas experiências de Evans-Pritchard com os Nuer, tamanha a diferença e o "choque cultural".[63]

[63] Ver Evans-Pritchard, E. E. *The Nuer*. Oxford, Clarendon, 1968, especialmente Introduction.

Como o grupo tinha como ponto de reunião a lanchonete citada, optei por me tornar um freqüentador assíduo, consumindo vorazmente sanduíches e *milk-shakes*, pondo em risco uma esbeltez conseguida com sacrifício. No entanto, era uma posição relativamente boa para meu trabalho de observação. Há freqüentadores regulares da lanchonete, homens ou mulheres solteiros e desquitados, que têm o hábito de comer ali. Geralmente são pessoas que moram perto do local e que passam por ali regularmente. Uma vez conhecidos e identificados pelos jovens, não causam maiores apreensões, sendo sua presença aceita tranqüilamente. Depois de duas ou três vezes seguidas em que fui à lanchonete, cessaram os olhares suspeitos. Embora eu não desenvolvesse maiores intimidades, já não corria o risco de ser confundido com a polícia, principal temor do grupo. Nunca procurei forçar situações, limitando-me a aproveitar as oportunidades que poderiam aparecer, com moderação. As pessoas eram extremamente desconfiadas e não valia a pena correr o risco de aprofundar o fosso. Assim, falei pouco com esses jovens, conseguindo algumas entrevistas com dificuldade, procurando enfatizar sempre o meu respeito e admiração pelo surfe, embora o meu tipo físico não me permitisse ser confundido com um praticante. Meu trabalho de investigação baseia-se muito mais em uma observação direta na lanchonete, às vezes na praia, nunca chegando a ter um conhecimento tão detalhado quanto o do grupo vanguardista-aristocratizante. No entanto, com todas essas limitações, acho que reuni um material razoável, que me permitiu levantar algumas questões e problemas.

***

Assim, embora partindo de situações de pesquisa bastante diferentes, procurei organizar os dados de forma que me permitissem comparar os tipos de *ethos* dominantes nos dois grupos e, particularmente, a visão da política. No capítulo anterior, já comecei a estabelecer comparações entre os jovens e os vanguardistas-aristocratizantes. Procurarei agora aprofundar um pouco mais essa discussão.

As famílias de origem dos dois grupos, de um modo geral, pertencem ao que se poderia denominar de estratos médios superiores. Têm fortes vínculos com uma burguesia empresarial, não só como profissionais liberais que trabalham diretamente para ela, mas em certos casos como sócios ou até donos de empresas, como companhias de construção civil, rede de lanchonetes, agência de propaganda etc. Quase todas as famílias dispõem de algum capital empregado em investimentos imobiliários, cadernetas de poupança e bolsa de valores. As maiores fortunas foram formadas na geração dos pais, partindo da atividade de profissional liberal. Por exemplo, um engenheiro que fundou uma companhia de construção própria depois de ganhar muito dinheiro na época da construção de Brasília, ou um advogado que se tornou sócio de uma agência de propaganda de porte médio etc. Essas pessoas, portanto, estão muito próximas de uma classe dominante, na medida em que suas atividades permitiram-lhes não só servir mas em certos casos se associar à burguesia empresarial. No entanto, a maioria ainda vive de rendimentos oriundos de seus trabalhos de profissionais liberais, que em certos casos podem ser tão elevados quanto os de um médio empresário. Um médico, pai de um dos jovens, ganhava seguramente mais de 24 mil dólares mensais. Trata-se de um estrato médio superior que, em função de seu tipo de profissionalização, rede de relações, contatos, tem condições de acumular um certo capital que pode simplesmente significar uma boa renda mensal ou pode se transformar em ponto de partida para atividades empresariais. Parece que, de um modo geral, foi a partir do governo Kubitscheck que a ascensão econômico-financeira dessas famílias se acelerou. Existem os casos de funcionários públicos, civis ou militares, que se voltaram para a iniciativa privada, aumentando muito o seu nível de vida. Há alguns casos em que o ritmo de ascensão econômica não foi tão grande, mas que mantiveram laços estreitos com os que subiram, em função de outros interesses comuns que serão mencionados. Posso dizer que as famílias de origem do universo investigado — vanguardistas-aristocratizantes e jovens — pertencem a um tipo de estrato médio que se beneficiou diretamente do tipo de crescimento econômico ocorrido no país nos últimos 20 anos, especialmente a partir de 1964.

Assim, atingindo uma certa situação econômico-financeira, começam a consolidar um estilo de vida que vai ser um dos pontos de partida para a compreensão dos dois grupos estudados. Os que não tinham casa própria adquirem-na; os que tinham ou compram uma melhor ou adquirem imóveis, como casas em Petrópolis, Cabo Frio etc. Em vez de um, passam a ter dois ou três carros, começam a freqüentar lugares antes mais exclusivos de uma burguesia propriamente dita, como certos clubes, locais de veraneio etc. O seu consumo se diversifica e se sofistica, com novos itens como roupas estrangeiras, aulas especiais para os filhos de inglês, violão, judô, balé etc. Agora viajam ao exterior com alguma regularidade, trazendo novidades, brinquedos, máquinas, discos etc. Como quase todos (homens) têm um tipo de educação universitária, não são turistas comuns mas pessoas interessadas em cultura. Esse processo tem conseqüências importantes para diferenciar os dois grupos estudados. As famílias de origem ascenderam, como já mostrei, na geração dos pais. Logo, encontra-se, por exemplo, um filho de 28 anos que viveu parte de sua infância no período mais duro da vida da família, enquanto seu irmão de 18 cresceu já na fase de maior abundância, em que a família já consolidara um estilo de vida mais sofisticado, com maior disponibilidade de bens. Embora vindo da mesma origem social, os vanguardistas e os jovens viveram momentos diferentes da ascensão de suas famílias. Uns viveram a infância e adolescência no início da ascensão propriamente dita, enquanto os outros usufruíram a fase de estabilização de um nível de vida mais elevado, com melhores mesadas, brinquedos, presentes, recursos em geral. Nenhum membro do grupo de jovens viveu fora da Zona Sul do Rio de Janeiro, enquanto entre os vanguardistas-aristocratizantes já são encontrados uns poucos que passaram pela Zona Norte. A maioria esmagadora dos jovens estuda em colégios particulares, enquanto grande parte dos mais velhos passou por colégios oficiais, embora dos mais elitizados. Poucos vanguardistas tiveram carro antes de casar, enquanto é freqüente entre os jovens ganhar um carro antes dos 18 anos.

São, portanto, dois momentos distintos do mesmo universo que, à medida que consegue atingir uma certa posição em termos econômicos, passa a acentuar aspectos simbólicos, diferenciando-se marcadamente de outros grupos de estratos médios. Desenvolve-se uma visão de mundo que, de certa forma, anuncia os dois grupos estudados. Não só são pessoas bem-sucedidas em termos econômicos e financeiros na vida, mas distinguem-se pelo fato de serem *educadas*, de *bom nível*. Tende-se a explicar a prosperidade em função dessas variáveis. Despreza-se o *nouveau riche*, de mau gosto, de educação insuficiente, possivelmente desonesto. Ou seja, o dinheiro é legitimado pelas "qualidades individuais e sociais". Forma-se uma espécie de "aristocracia de estratos médios", que não se diferencia necessariamente por ter mais dinheiro, mas sim em termos do tipo de consumo mais sofisticado, mais "cultural". A sua superioridade não se manifesta apenas em relação a iguais ou inferiores em renda, mas é um importante mecanismo para diminuir uma burguesia "ignorante", "frívola", "despreparada", "semi-analfabeta". A *educação* é seu grande trunfo, servindo de base para a constituição de um estilo de vida bem marcado. Trata-se de um símbolo até certo ponto reconhecido pela sociedade em geral, na medida em que as qualificações profissionais dessas pessoas constituem um "bem escasso" no mercado. A condição de pessoas educadas pode ser manipulada, marcando fronteiras. A acentuação desses aspectos simbólicos remete ao conceito weberiano de *grupo de status*. É claro que se coloca o problema do seu maior ou menor fechamento, impermeabilidade. Giddens (1974: 166-7) assim explica o conceito de Weber:[64]

> "A situação de *status* de um indivíduo refere-se às avaliações feitas por outros a respeito dele ou de sua posição social, assim atribuindo-lhe alguma forma de (positivo ou negativo) prestígio ou estima social. O grupo de *status* é uma série de indivíduos que compartilham a mesma situação

[64] Ver Weber, 1964, v. 1.

> de *status*. Grupos de *status*, diferentemente de classes, são quase sempre conscientes de sua posição comum (...). Normalmente manifestam sua singularidade através de estilos de vida particulares, estabelecendo limitações ao modo como outros podem interagir com eles. A implementação de restrições quanto ao casamento às vezes implica em endogamia rigorosa e é uma maneira particularmente freqüente através da qual isso pode ser atingido (...). A estratificação por *status* não é, para Weber, simplesmente uma complicação de hierarquias de classe: ao contrário, grupos de *status*, diferenciados de classe, são de significado vital em numerosas fases do desenvolvimento histórico. Além disso, grupos de *status* podem agir para influenciar numa determinada direção o funcionamento do mercado e assim afetar as relações de classe (...). Várias instâncias podem ser citadas em que os homens estabelecem distinções claras entre posse econômica e privilégio de *status*. A posse de propriedade material não é, de modo algum, uma base suficiente para entrar em um grupo de *status* dominante. As pretensões dos *novos ricos* de entrar em grupo de *status* estabelecido dificilmente serão aceitas por aqueles que nele estão, embora o indivíduo possa, comumente, utilizar sua riqueza para assegurar que seus filhos possam preencher os critérios necessários para essa entrada. O grau em que a estratificação por *status* predomina em qualquer ordem social é influenciado pela extensão em que esta sociedade está sujeita à rápida transformação econômica. Onde transformações econômicas de mercado estão ocorrendo, a estratificação de classe é um modo mais determinante de ação do que em situação de pouca mudança. Nesse caso, as diferenças de *status* tendem a predominar."

A educação e uma certa prosperidade econômico-financeira associam-se e alimentam-se mutuamente, excluindo os meramente educados ou os meramente prósperos. O dinheiro é dignificado, enobrecido pelas qualidades morais, intelectuais e culturais, mas permite que essas qualidades se expressem com maior vigor, sejam ostentadas. Nesse sentido, a educação dos filhos é fundamental como forma de perpetuar essa "aristocracia". Daí a importância da "inteligência" e do "talento", altamente valorizados e cultuados com fervor místico. São as bases do prestígio social dessas famílias. Bourdieu (1974: 63-4) enriquece essa discussão:

> "Uma classe social nunca é definida somente por sua situação e por sua posição numa estrutura social, isso é, pelas relações que ela mantém objetivamente com as outras classes sociais; ela deve também muitas de suas propriedades ao fato de que os indivíduos que a compõem entram deliberadamente ou objetivamente em relações simbólicas que, expressando as diferenças de situação e de posição segundo uma lógica sistemática, tendem a transmutá-las em *distinções significantes*. A independência relativa do sistema de atos e de procedimentos expressivos ou, se for preferível, de *marcas de distinção*, graças às quais os sujeitos sociais exprimem e, ao mesmo tempo, constituem, para eles mesmos e para os outros, sua posição na estrutura social (e a relação que eles mantêm com essa posição), realizando uma duplicação expressiva dos "valores" (no sentido dos lingüistas) necessariamente ligados à posição de classe, autoriza a autonomização metodológica de uma ordem propriamente cultural. Com efeito, essa expressão "sistemática"(segundo os termos de Engels) da ordem econômica e social pode, enquanto tal, ser legitimamente constituída e tratada como sistema e, portanto, ser o objeto de uma apreensão estrutural.

Constatando que o poder pura e simplesmente econômico e sobretudo "força nua do dinheiro"não constituem necessariamente um fundamento reconhecido do prestígio social, Max Weber distingue a classe social como grupo de indivíduos que, partilhando a mesma "situação de classe", isto é, a mesma "situação de mercado" têm as mesmas oportunidades típicas no mercado de bens e de trabalho, de condições de existência e de experiências sociais, e os grupos de *status* (*Stande*) como conjunto de homens definidos por uma certa posição na hierarquia de honra e prestígio. Tudo parece indicar que Max Weber opõe a classe e o grupo de *status* como dois tipos de unidades *reais* que se encontrariam mais ou menos freqüentemente segundo o tipo de sociedade (isso é, ao que parece, segundo o grau de autonomização e de dominação da ordem econômica); para dar às análises weberianas toda a sua força e o seu alcance, é preciso antes de ver nelas unidades *nominais* que podem reconstituir mais ou menos completamente a realidade segundo o tipo de sociedade, mas que são sempre o resultado da *escolha entre acentuar o aspecto econômico ou o aspecto simbólico*, aspectos que coexistem sempre na própria realidade (em proporções diferentes segundo as sociedades e segundo as classes sociais de uma mesma sociedade), visto que as distinções simbólicas são sempre secundárias em relação às diferenças econômicas que elas expressam, transfigurando-as."

O grupo de *status* constituído pelas famílias dos dois grupos estudados — o vanguardista-aristocratizante e o de jovens — foi formado por indivíduos de origens diferentes. Encontram-se, entre os antepassados das famílias, desde nobres titulados do Império, fazendeiros, até imigrantes portugueses, italianos de origem camponesa. Há descendentes de famílias burguesas européias, assim como de soldados mercenários de origem duvidosa. Sem dúvida, isso limita as possibilidades de manipular a ideologia de uma "aristocracia de sangue", mas não impede que se sacralize um estilo de vida, a partir do momento em que exista como base uma *situação econômico-financeira determinada*. Não é a quantia, a renda mensal que vai mecanicamente determinar o estilo de vida, mas é através dela que se abrem as possibilidades de opções, escolhas em termos de ênfases nesses ou naqueles aspectos simbólicos. Ou seja, há uma permanente relação de dependência entre a "situação de mercado" dessas famílias e as possibilidades de constituição do estilo de vida próprio ao grupo de *status*. Mas há outros grupos e indivíduos que podem ter a mesma situação econômico-financeira sem participar do mesmo grupo de *status*, distinguindo-se em termos de estilo de vida. No caso estudado, a partir da geração dos avós, consolidando-se na dos pais, as famílias de origem, tendo como ponto de partida possibilidades econômico-financeiras comuns, foram se aproximando, reunindo-se em torno de certos símbolos, de certa maneira de fazer as coisas, servindo para estabelecer limites, fronteiras entre elas e o resto da sociedade de renda igual, maior ou menor. Sem dúvida, trata-se de um grupo orientado para as camadas superiores da sociedade, que teve na geração dos avós e pais um forte projeto de ascensão social. Em termos de classe social, a análise desse universo não é simples. Há, dentro do universo pesquisado, nas famílias de origem, um predomínio amplo de profissionais liberais. No entanto, como disse, encontram-se desde indivíduos que trabalham para uma firma, com um bom salário, com algum dinheiro empregado na bolsa de valores, até donos de empresa que empregam esse tipo de pessoa. Sem analisar a natureza da renda mensal, encontram-se variações desde 4 mil dólares até mais de 40 mil dólares. Mas esse dinheiro pode representar um salário de um engenheiro bem pago ou o lucro de um dono de uma rede de lanchonetes ou de uma editora. Em termos de classe, teríamos, portanto, indivíduos assalariados, vendendo seu trabalho, e pessoas que são donas, que controlam meios de produção. No entanto, apesar dessa diferença, aproximam-se quanto a estilo de vida, aspectos simbólicos enfatizados, padrões de consumo, interesses culturais, diferenciando-se de *nouveaux riches*, por exemplo. Sem dúvida, é problemático afirmar o caráter de grupo de *status* do universo investigado, se compreendermos esse conceito como apenas adequado para descrever sociedades pré-industriais ou pré-capitalistas. É claro que no caso estudado não existe um monopólio de natureza religiosa, profissional etc. No entanto, descrevê-lo apenas como um estrato parece-me obscurecer um traço fundamental da ideologia dessas pessoas, que é a separação em relação a outros indivíduos ou grupos, marcando enfaticamente a especificidade de seu estilo de vida de "pessoas finas e educadas". Fica claro que o objetivo das famílias era bem mais complexo do que ganhar dinheiro, sendo fundamental ter acesso e constituir um tipo de "honra social" baseada em símbolos culturais como educação, local de moradia, tipo de vestimenta etc. Pode-se perguntar por que essas pessoas cristalizaram um estilo de vida num momento *x* da sua trajetória de ascensão social e não continuaram simplesmente a acumular em termos econômico-financeiros. Até que ponto o comportamento desviante dos filhos não está expressando os próprios limites da ascensão social das famílias de origem? O fato é que os filhos não inventaram o seu estilo de vida do nada, mas, como foi visto, apoiaram-se pelo menos em parte em uma série de símbolos já inicialmente elaborados pelas famílias. Será que é o desvio dos filhos, pouco voltados para uma ideologia produtivista, que impedirá o prosseguimento da ascensão social em termos econômico-financeiros, ou será que na realidade não faz mais do que expressar os limites do grupo de origem? O fato é que se pode estabelecer uma linha em que na geração dos pais o trabalho foi fundamental para atingir certos objetivos e símbolos culturais, ou seja, trabalhou-se para chegar a poder ter ou valorizar certas "marcas de distinção"; os vanguardistas-aristocratizantes sacralizaram esses aspectos simbólicos de distinção a partir de uma determinada época de suas vidas, levando até as últimas conseqüências as preocupações de suas famílias em distinguirem-se, chegando então a relegar o trabalho a um segundo plano, enfatizando o consumo, o lazer e a criação "descomprometida"; finalmente, o grupo de jovens desligou-se de qualquer compromisso com uma ideologia de produtividade, construindo um estilo de vida em que o culto do lazer, do lúdico, era assumido plenamente, rejeitando qualquer comportamento que pudesse adiar a obtenção do prazer e, paralelamente, negando a importância dada pelos vanguardistas ao consumo em si, enquanto "marca de distinção", e desvalorizando a educação tão fundamental na ascensão social e na visão de mundo das famílias de origem.

Assim, os símbolos de diferenciação podem variar, como ter curso superior, ir à Europa, consumir tóxicos, conhecer arte ou um padrão de beleza física. Importa verificar que está sempre em ação um princípio hierarquizador que diferencia os grupos e que é fortemente manipulado pelo universo investigado. É evidente que não estou definindo a sociedade em que estão inseridos esses grupos como sendo organizada em termos de grupos de *status*. Mas, mesmo sendo uma sociedade de classes, é possível verificar que, nos termos de Bourdieu (1974:16):

> "(...) as diferenças propriamente econômicas são duplicadas pelas distinções simbólicas na maneira de usar esses bens, se for preferível, no consumo, e, mais ainda, no consumo simbólico (ou ostentatório) que transmuta os bens em signos, as *diferenças de fato em distinções significantes*, ou, para falar como lingüistas, em "valores", privilegiando a maneira, a forma de ação ou do objeto em detrimento de sua função. Em conseqüência, os traços distintivos mais prestigiosos são aqueles que simbolizam mais claramente a posição diferencial dos agentes na estrutura social — por exemplo, a roupa, a linguagem, a pronúncia e sobretudo "as maneiras", o bom-gosto e a cultura — pois aparecem como propriedades essenciais da pessoa, como um ser irredutível ao ter, enfim, como uma *natureza*, mas que é paradoxalmente uma natureza cultivada, uma cultura tornada natureza, uma graça e um dom. O que está em jogo no jogo da divulgação e da distinção é, como se percebe, a excelência humana, aquilo que toda sociedade reconhece no homem cultivado."

Verificou-se como foi possível as famílias de origem legitimarem sua prosperidade financeira, seu sucesso econômico, a partir da educação. A partir desta, o gosto pela "cultura", a conversação inteligente etc. sedimentou um estilo de vida altamente diferenciador de outros setores, estratos e camadas médias. Sentem-se superiores dentro da sociedade e manipulam, na sua visão de mundo, o princípio hierarquizador com muita intensidade, marcando posição fortemente elitista. É a partir dessa herança, somada evidentemente a experiências particulares, que são constituídos os tipos de *ethos* dos dois grupos estudados.

No entanto, enquanto as famílias manipulavam símbolos de um modo geral aceitos e legitimados pela cultura dominante, os dois grupos infringem regras e expectativas importantes, caracterizando-se como *desviantes*. A valorização dos atributos intelectuais dos pais, profissionais liberais em plena atividade, estava indissoluvelmente ligada a sua participação vigorosa no mercado de trabalho, desempenhando funções produtivas. Os vanguardistas-aristocratizantes levam a um extremo a valorização do talento individual e das atividades culturais, constituindo-se num grupo em que o artista e o intelectual têm lugar de honra, relegando a um plano secundário o trabalho convencional. Mesmo aqueles que têm uma ocupação regular, com salário mensal, em termos ideológicos desvalorizam esse tipo de atividade, aceitando-o apenas para poder manter um estilo de vida em que o conforto e o requinte são importantes. Desaparece totalmente um projeto de ascensão econômica baseado em um trabalho de profissional liberal. No máximo surge a expectativa ou a esperança de que uma obra, um livro, um filme etc. sejam capazes de gerar fortunas. Por outro lado, o lazer cresce de importância na medida em que é associado às possibilidades de criação e descoberta interior. Nesse sentido, a psicanálise e os tóxicos são definidos como elementos liberadores das convenções familiares e de uma cultura dominante. Há uma rejeição parcial do "*ethos* da produtividade" de que fala Young (1971), mas sem abandonar a preocupação com o consumo, sofisticando-o mais ainda em certos itens, como vestuário, viagens etc. O tóxico, de certa forma, é mais um item, embora carregado de conotações específicas. De qualquer forma, vai-se integrar a um estilo de vida radicalmente diferente, por exemplo, do contexto original de utilização de maconha na sociedade brasileira — o morro, a favela. É interessante pensar como um item posto em contexto pode ter significados díspares, ajudando a relativizar o problema do tóxico. A própria tendência de se disseminar progressivamente a cocaína, tóxico mais caro, acentua o aspecto de consumo conspícuo. Assim, ao lado da descontinuidade que o uso de tóxico representa enquanto desvio dos padrões dominantes em suas famílias de origem, há uma continuidade em termos de *como* utilizá-lo, da *maneira* de consumi-lo. O ambiente, as festas, a música que está sendo ouvida, a comida que está à disposição dos consumidores, a forma "educada" de utilizar o tóxico mostram como os vanguardistas-aristocratizantes levaram ao paroxismo certos traços já característicos do grupo de *status* de "aristocracia de estratos médios". Ultrapassaram certos limites aceitos pela geração anterior. Começaram tomando uísque, vinho etc., mas, na medida em que tomavam conhecimento da possibilidade de outras experiências, ampliaram a gama de seus itens de consumo. A ida ao exterior, a valorização de símbolos ligados ao estilo de vida de certos setores artísticos e intelectuais da Europa e dos Estados Unidos apoiaram a difusão dos tóxicos entre os vanguardistas-aristocratizantes. Sem dúvida, ao lado disso surge a procura de soluções novas, a insatisfação com os ambientes familiares de origem, a percepção de limitações e deformações na vida dos pais etc. Há que se ressaltar o já mencionado esvaziamento e desinteresse pela política, que numa certa fase da vida foi tema e atividade importantes para os atuais vanguardistas-aristocratizantes. Cheguei também a frisar que os grandes choques e conflitos com pais, parentes, dão-se justamente naquela fase em que houve um claro processo de desidentificação com o meio social de origem, um interesse pelo destino e situação das camadas desfavorecidas e pela sociedade brasileira como um todo. Conforme foi mostrado, a desilusão com a política e com a "esquerda", o medo da repressão e a crescente preocupação com problemáticas individuais contribuíram para um processo de reidentificação com as suas origens sociais. Embora o uso de tóxicos seja um "tema de conflito" com as famílias, diminuem consideravelmente os atritos e consolida-se uma maneira de viver em que o apoio material familiar é importante. Cria-se uma situação em que a contestação à sociedade é centrada não mais em termos de política propriamente dita, mas sim em termos de estilo de vida. A dicotomia esquerda *x* direita, ou progressista *x* reacionários, é francamente superada pela de consumidores de tóxicos *x* não-consumidores de tóxicos (caretas). A outra dicotomia que tem uma certa autonomia é a de gente fina, sofisticada *x* gente grossa, cafona. Através de diferentes combinações em que tóxicos e sofisticações se complementam, marca-se vigorosamente uma fronteira, estabelecendo-se separação mais marcada ainda do que a estabelecida pelas famílias de origem. O aristocratismo é combinado com o vanguardismo, forma que a preocupação com a cultura das famílias assume. Não é mais a cultura humanista mais ou menos tradicional que é valorizada, mas sim as formas mais ousadas, mais pioneiras, que estão associadas a uma maneira de viver mais livre, liberada, desreprimida etc. O discurso psicanalítico torna-se crucial, resumindo muitas vezes as principais preocupações com a mudança pessoal, temas do *ethos* desse grupo. Notava-se, no final da pesquisa, a preocupação de valorizar as mudanças que estariam ligadas à estabilização das relações, o final da busca, a descoberta do caminho etc. A própria preocupação em estabelecer limites para o uso de tóxicos, em termos de quantidade, tipo, qualidade, denota a necessidade de criar-se um universo de regras mais sedimentado, que possa servir para diferenciar com clareza as pessoas em volta. A ameaça do caos aparente em que viveriam certos grupos *hippies,* com papéis sociais "confundidos', perda de controle, fortaleceu a procura de um mapeamento mais nítido. Assim, ideologicamente mantém-se uma imagem de um grupo de pessoas talentosas, sensíveis, abertas ao mundo, porém sabendo o que é bom, o que vale a pena na vida, possuidores das regras do bom viver. Não é o tóxico em si mas associado a outros símbolos que vai criar as "marcas de distinção". Assim, os vanguardistas-aristocratizantes têm em suas biografias uma fase de rejeição mais vigorosa de sua origem social, reinterpretam-na, desligam-se da política, conhecem os tóxicos e estabelecem um estilo de vida extremamente ambíguo, em que uma ideologia de liberação individual aparece misturada a fortes aspirações de bem-estar material e consumo sofisticado. De certa maneira, oscilam entre dois mundos, o da família de origem, aristocratizante e próspero, e o de uma contracultura que valoriza o rompimento com a cultura dominante. A tentativa de conciliar essas duas tendências ou dimensões dá margem a uma cristalização de fronteiras em que o grupo desenvolve padrões, normas e regras de participação bastante esotéricas, numa permanente procura de equilíbrio. Assim, as pessoas podem se sentir muito ameaçadas no seu cotidiano, tendo dificuldade de lidar com as ambigüidades, numa permanente procura de coerência. Politicamente, tendem a se tornar indiferentes, às vezes conservadores, embora sempre com ambigüidades e com fortes sentimentos de culpa.

Já o grupo mais jovem esvazia quase todos os conteúdos significativos da visão de mundo dominante das famílias de origem. A obtenção do prazer, a "curtição" são os seus objetivos permanentes. Não apresentam o tipo de ambigüidade dos vanguardistas. Nunca se interessaram por política ou pela sociedade como um todo. Frise-se que fazia parte da ideologia da "aristocracia de estratos médios" um certo compromisso com a sociedade. O talento e competência dava-lhes o direito e a obrigação de pensar e agir para ou em nome da sociedade. Lembro a importância do *udenismo* dentro do universo. Os vanguardistas, na sua fase política, assumiam, levando mais longe essa preocupação. Ou seja, conservadores ou de esquerda, viam-se como pessoas capacitadas a iluminar o caminho, a apontar a trilha correta para o resto da sociedade. Os jovens não têm nenhum compromisso com esse tipo de ideologia, não pretendem guiar ninguém. O uso de tóxicos faz parte de um *ethos* lúdico-erótico onde não há lugar para esse tipo de preocupação. As preocupações com consumo limitam-se aos itens imediatamente associados a suas atividades, como tóxicos, prancha de surfe, certas roupas diferenciadoras. Nesse sentido, suas vinculações possíveis com um mercado de trabalho são as mais distantes, e não apresentam projetos de carreiras, seja em termos de uma profissão liberal, seja em termos de uma atividade intelectual, artística etc. Vive-se o presente em função de necessidades e desejos imediatos. No entanto, a partir de seus padrões de beleza física, de seus interesses esportivos, do uso de tóxicos, estabelecem também "marcas de distinção" com que mantêm sua identidade e se diferenciam de outros grupos, consumidores ou não de tóxicos. Como foi mostrado, só é possível o estabelecimento do seu estilo de vida apoiado nas famílias de origem. Assim, mesmo que não manipulem ostensivamente um discurso de separação tão elaborado quanto o dos vanguardistas-aristocratizantes, na prática de seu estilo de vida erguem fronteiras nítidas. Ignoram e nunca se interessaram pela política, não apresentando ansiedades e culpas quanto a isso. Defini-os como hedonistas sem culpas.

Portanto, a partir de um grupo de *status* — "aristocracia de estratos médios" — legitimado pela educação e apoiado numa sólida situação econômico-financeira, desenvolvem-se duas tendências distintas, que são a dos vanguardistas-aristocratizantes, mais velhos, e a dos jovens propriamente. Esses dois grupos distinguem-se em termos etários e fazem parte de círculos mais amplos, como a roda intelectual-artístico-boêmia e a "contracultura carioca". Há grandes diferenças entre os dois tipos de *ethos,* mas há pontos de contato básicos. Em primeiro lugar, existem o uso de tóxicos e os problemas decorrentes da ilegalidade da atividade e do desvio em relação à cultura dominante. Em segundo lugar, encontra-se o "aristocratismo" com formas diferentes e conteúdos específicos, mas expressando um *princípio hierarquizador ativo*, estabelecendo as separações que, em última análise, referem-se a possibilidades dadas pela "situação de mercado".

> "A autonomia que torna possível a instauração de relações simbólicas ao mesmo tempo sistemáticas e necessárias é apenas relativa: as relações de sentido que se estabelecem no interior da margem restrita de variação deixada pelas condições de existência apenas expressam, fazendo-as sofrer uma transformação sistemática, as relações de força: tratar-se-ia pois de estabelecer como a estrutura das relações econômicas pode, determinando as condições e posições sociais dos sujeitos sociais, determinar a estrutura das relações simbólicas que se organizam segundo uma lógica irredutível àquela das relações econômicas. (Bourdieu,1974:76).

Embora concorde, em princípio, que essa autonomia seja relativa, cabe ressaltar a elasticidade existente dentro da "estrutura das relações simbólicas". Verificou-se como, partindo basicamente das mesmas condições materiais de existência, elaboraram-se estilos de vida bastante diferenciados. A própria "aristocracia de estratos médios" mostra como a "ordem cultural" é mais do que uma "expressão sistemática" da ordem econômica e social, merecendo algo além de uma "autonomização metodológica". O grupo estudado expressa, na realidade, uma combinação particular de relações e símbolos, produto de vivências e opções não diretamente redutíveis ao que se costuma entender por condições de existência. Seria necessário, portanto, ampliar esses significados, dando a devida importância e ênfase às características intrínsecas e particulares da ordem cultural, evitando os reducionismos simplificadores. A própria noção de condições de existência teria que ser complexificada.

CAPÍTULO 6

Conclusões

Primeiramente, quero chamar a atenção para o fato de esta pesquisa ter sido realizada no meio urbano, no contexto de uma grande cidade. Foi centrada na Zona Sul do Rio de Janeiro, local de moradia dessa "aristocracia de estratos médios" dessa cidade. Portanto, os grupos investigados vivem lado a lado ou muito próximos, encontram-se no seu cotidiano (mesmo nos casos de maior isolamento) com outro grupos, indivíduos cujo estilo de vida e sistema de representações podem ser radicalmente diferentes. Cumpre, portanto, frisar a especificidade do objeto estudado:

"Numa sociedade estratificada a estrutura (no sentido funcionalista) é muito menos visível. Ela não se realiza concretamente no comportamento real de nenhum grupo ou categoria que, todos eles, participam de modo parcial e particular do sistema social geral. As representações que os indivíduos, enquanto membros de grupos ou categorias particulares, constroem de seu universo de ação e de suas relações com a sociedade mais ampla são não só distorcidas, mas fragmentárias e parciais. A 'ideologia' da sociedade não se reduz a nenhum dos sistemas de representações dos grupos ou categorias sociais concretas, mesmo os que pertencem à classe dominante." (Cardoso & Durham, 1975:51.)

Mas, além de expressar uma categoria particular, a visão de mundo aqui examinada não é monolítica nem tem limites rígidos. Pelo contrário, ela é cheia de ambigüidades, suas fronteiras são flutuantes, e percebe-se nas biografias individuais a contaminação e influência de outras visões de mundo, ideologias etc., especialmente no caso dos vanguardistas-aristocratizantes. É fundamental poder identificar categorias ou grupos específicos, mas não menos importante é procurar perceber as trocas e influências recíprocas. Várias vezes, no decorrer deste trabalho, referi-me a uma cultura dominante que, em última análise, expressa uma classe ou estratos sociais dominantes. Mesmo esse conceito tem que ser encarado com bastante reserva, na medida em que possa subestimar o poder de propagação e influência, na sociedade, de sistemas simbólicos originalmente ligados à classe ou a estratos e camadas inferiores da sociedade. No caso brasileiro, poder-se-ia mencionar a umbanda, por exemplo. Sem entrar na discussão de que até que ponto essa religião popular "atende aos interesses" da dominação dos estratos mais altos, não resta dúvida de sua origem popular e de seu enorme poder de penetração nas mais diferentes camadas da sociedade nacional.[65] Na situação estudada, em se tratando de um tipo específico de comportamento desviante, o uso de tóxicos, proibido pelas leis, posso remeter o conceito de cultura dominante ao de cultura oficial, sancionada pelo Estado, expressa em regulamentos e legislação. Por isso falei em *categoria oprimida,* quando me referi ao fato de essas pessoas não poderem exercer plenamente a sua visão de mundo, tendo que viver permanentemente num certo grau de tensão e clandestinidade. Aí, mais uma vez, sou levado a relativizar o conceito de desvio e comportamento desviante.[66] Tendo realizado a pesquisa numa grande metrópole, numa sociedade estratificada, tive oportunidade de verificar que os tóxicos são utilizados e reprimidos de forma bastante diferenciada, basicamente em função de classe social, estrato ou grupo de status a que pertença o consumidor. Desta forma, o tóxico não só tem significados diferentes em função do grupo que o utiliza, como a sua utilização pode ser interpretada por não-consumidores, acusadores poten-

[65] Ver Maggie, 1975.

[66] Ver, especificamente, os meus trabalhos: O estudo do comportamento desviante: a contribuição da antropologia social. In: Velho, 1974a; e Velho, 1974c.

ciais e autoridades de maneira diferente, provocando reações particulares. Mais ainda, embora possam ser estigmatizantes em termos de uma cultura dominante oficial, os tóxicos são manipulados como símbolos de prestígio não só internamente aos grupos estudados, mas como forma de marcar distâncias em termos de relacionamento entre grupos ou estratos sociais distintos. Não é apenas o tipo de tóxico — maconha, cocaína, LSD, Mandrix etc. — mas *a maneira* de utilizá-los, o contexto adequado, o tipo de ritual que vão marcar essas fronteiras. Embora o fato de consumir tóxicos permita a definição de uma categoria — *consumidores de tóxicos* —, isso não expressa muitas vezes o ponto de vista dos grupos investigados, que podem estar, em determinados momentos, tão ou mais interessados em se distinguirem de outros consumidores de tóxicos quanto dos "caretas". No caso de pessoas pertencentes a estratos sociais mais elevados, o tóxico pode mesmo servir para reforçar a posição de superioridade de seus membros em relação a grupos previamente definidos como inferiores, na medida em que integra as representações de um estilo de vida sofisticado. No caso, então, longe de inverter a estrutura *comunitariamente*, nos termos de Turner, pode reforçá-la. É evidente que isso depende do grupo que está utilizando o tóxico. Em outros contextos pode se integrar a um estilo de vida que rejeite e negue a estrutura. Portanto, o tóxico só pode ser entendido contextualmente. Mas verifica-se que na nossa sociedade, de uma maneira ou de outra, ele é um símbolo de diferenciação. O comportamento desviante é, portanto, um mecanismo fundamental de hierarquização. Positivamente ou negativamente, ele é altamente valorado, servindo de importante fronteira entre os indivíduos e grupos. Na medida em que se incorpora ou que é compreendido não isoladamente, mas como sendo um item de um estilo de vida, vai ser mais um elemento que contribuirá para o estabelecimento de hierarquias internas a uma classe, categoria ou estrato. Seria interessante, remetendo às críticas de Louis Dumont ao conceito de estratificação social, perguntar até que ponto na sociedade brasileira a "ideologia da igualdade" realmente é difundida ou até que ponto a desigualdade é legitimada em vários níveis ou domínios.[67] Constatou-se, por exemplo, que a "aristocracia de estratos médios", origem dos dois grupos estudados, tinha como fonte básica de legitimação a educação, que serviu de base a um estilo de vida específico, fortemente diferenciado de outros grupos. Constituiu-se um grupo de *status* com fronteiras bem marcadas e que, não tendo propriamente um monopólio oficial da educação universitária, era capaz de manipulá-la, acentuando e enfatizando símbolos de diferenciação e aspectos simbólicos, conferindo-lhe uma *honra social*. Sem dúvida, não era apenas a educação, mas a possibilidade dessa manipulação, baseada em relações pessoais, proximidades das fontes do poder, capacidade de controle de certas áreas e domínios, simbólicos ou não, que manteve ou possibilitou a existência do grupo de *status*.[68] Os "herdeiros" desse grupo de *status* enfatizaram também, por sua vez, a hierarquia, embora pudessem estar acionando conteúdos diferentes. O fenômeno que surgiu foi o abandono parcial ou total de uma "ideologia da produtividade" e de uma "ética social". Os símbolos de *status*, o lazer, o prazer em geral passaram a ser um fim em si mesmos, interrompendo, de certa forma, as possibilidades de contínua ascensão *econômico-financeira* das famílias de origem. É o caso de um pai que criou uma empresa de porte médio e que depois de atingir uma fase de estabilidade não consegue cooptar os filhos, voltados para atividades artístico-culturais. Acaba vendendo a empresa e passa a viver de rendas, numa casa de campo. Tem o suficiente para viver com todo o conforto e auxiliar permanentemente os filhos que não conseguem assegurar uma renda mensal regular. Surge, portanto, no mínimo, uma estagnação, quando não um declínio econômico-financeiro. São poucos os casos em que o capital acumulado é suficientemente grande para continuar gerando riquezas e lucros, sem

[67] Ver Dumont, 1966, cujo apêndice "Casta, racismo e estratificação" foi traduzido e reproduzido em Aguiar, 1974. Nesse volume, ver o artigo da organizadora, a propósito dessa discussão, "Hierarquias em classes: uma introdução ao estudo da estratificação social".

[68] Também sobre grupo de *status*, ver Giddens, 1975:46-50.

a necessidade do trabalho pessoal dos "herdeiros". Como o nível e o tipo de consumo, especialmente entre os vanguardistas-aristocratizantes, são bastante elevados, tudo indica a tendência a uma progressiva perda de poder aquisitivo.

Por outro lado, paralelamente a esse tipo de afastamento, desenvolve-se um desinteresse pela política, que pode assumir um tom conservador claro em certos casos. Sem dúvida, existem diferenças consideráveis entre os dois grupos, na medida em que entre os jovens há um desconhecimento quase que total em relação à chamada vida política, enquanto os vanguardistas-aristocratizantes têm, em geral, uma certa cultura política, tendo opiniões e fazendo julgamentos, exatamente o que os mais jovens não fazem.

Parece-me que entre os vanguardistas-aristocratizantes, inclusive em sua fase esquerdista, houve sempre um forte conteúdo elitista em suas preocupações políticas. Assim como seus pais, tios etc., acreditavam-se capacitados, indicados, talvez predestinados a exercer diretamente o poder, guiando a sociedade. As transformações políticas no país depois de 1964, os problemas da repressão, a decepção com a esquerda etc. afastaram-nos decisivamente dessa área de preocupações, transferindo seus projetos de realização individual para outras áreas. As chamadas "drogas de expansão da consciência" reforçam esse projeto autocentrado de busca de conhecimento, gratificação e prazer, sendo sem dúvida um item importante nesse processo de hedonização progressiva que encontra no grupo de jovens sua expressão máxima, livres que estão de compromissos com um passado político, de preocupações sociais etc.

Não afirmo que todos os filhos, herdeiros etc. da "aristocracia de estratos médios" carioca seguiram esses caminhos. Certamente são encontrados alguns indivíduos que ingressaram em carreiras, trabalham em tempo integral e ganham dinheiro regularmente. Mesmo dentro do grupo vanguardista-aristocratizante podem ser encontradas pessoas que poderiam ser descritas como tendo uma ocupação, um emprego regular, "produtivo" etc. No entanto, constituem minoria não apenas em termos numéricos, mas fundamentalmente em termos ideológicos. A idéia de uma carreira de profissional liberal, a preocupação com o trabalho "careta" ou "burocrático" são altamente desvalorizadas no grupo. No máximo, fazem-se concessões para poder manter um nível de vida sem depender exclusivamente das famílias.

Finalmente, sobre comportamento desviante em geral e uso de tóxicos em particular, tenho a repetir que o problema tem que ser contextualizado em termos sociológicos. Embora não estivesse interessado em examinar as propriedades químicas dos tóxicos, coisa para a qual não estava capacitado, nada que eu tenha visto me levou a crer que sua utilização por si só seja mais destrutiva, maligna etc. que o cigarro comum, o álcool ou certos remédios usados regularmente como tranqüilizantes. Não tenho condições também de afirmar que não têm efeitos negativos se usados a partir de determinada quantidade. Lembro apenas que as pessoas que usam esses tóxicos passam a conhecê-los empiricamente, estabelecendo classificações e discriminações, como foi visto neste trabalho. A partir dessa experiência, critérios são estabelecidos e precauções tomadas. Nos grupos que tive oportunidade de observar, não vi nada parecido com um "uso indiscriminado" de tóxicos, havendo formas internas de controle social e identificação de desviantes. O tóxico tem que ser compreendido enquanto um elemento importante, mas não necessariamente determinante, de uma visão de mundo em que o hedonismo é fundamental. Certamente implica em uma divergência em relação à cultura dominante, correspondendo a um certo tipo de contestação. Chamo a atenção para o fato de não se tratar de alguma coisa que esteja fora, originalmente, do sistema de valores do estrato social de origem, mas sim de uma agudização de vertentes e dimensões já existentes. Esse entrechoque de opiniões, pontos de vista e visões de mundo, centrado no problema do comportamento desviante, corresponde a um momento de importantes transformações na estratificação social da sociedade brasileira, podendo ter importantes conseqüências na distribuição de poder e oportunidade.

Assim, parece-me fundamental o reconhecimento da importância de se constituir como área significativa de investigação o estudo das relações de poder nos eventos e situações do dia-a-dia. Essa *política do quotidiano* evidentemente vincula-se, de algum modo, a problemas estruturais da sociedade abrangente. No entanto, pode implicar em relações de natureza diferente das habitualmente estudadas pela ciência política. Nesse sentido, seria útil incorporar a contribuição de uma tradição antropológica mais habituada a lidar com fenômenos de "pequena escala" e a desvendar problemas mais característicos de uma ordem cultural. No caso investigado, por exemplo, a compreensão dos conflitos e mudanças dentro das famílias revelou-se crucial para o desenvolvimento da pesquisa. Sem diminuir a importância do estudo de formas de relações políticas mais institucionalizadas, como partidos, burocracias, sindicatos etc., seria conveniente ampliar mais sistematicamente o espectro de investigação de fatos de natureza política, enriquecendo-o com novas alternativas e direções.

Bibliografia

Adams, Richard N. *Crucifixion by power*. Austin, University of Texas Press, 1970.

Agar, Michael. *Ripping and running*: *a formal ethnography of urban heroin addicts*. New York, Seminar Press, 1973.

Aguiar, Neuma (org.). *Hierarquias em classes*. Rio de Janeiro, Zahar, 1974.

Barth, Fredrik. *Ethnic groups and boundaries*: *the social organization of culture difference*. Bergen-Oslo, Univesitets Forlaget; London, George Allen and Unwin, 1970.

Bateson, Gregory. *The Naven*. Stanford, Standford University Press, 1967.

Becker, Howard S. *Outsiders*: *studies in the sociology of deviance*. New York, Free Press, 1963.

Berger, Peter e Luckman, T. *A Construção social da realidade*. Petrópolis, Vozes, 1974.

Bott, Elizabeth. *Family and social networks*. Tavistock, 1968. [Tradução brasileira: *Família e rede social*. Rio de Janeiro, Francisco Alves, 1976.]

Bourdieu, Pierre. *Un art moyen*: *les usages sociaux de la photographie*. Paris, Minuit, 1965.

——. *A Economia das trocas simbólicas*. São Paulo, Perspectiva, 1974.

——& Passeron, Jean Claude. *Les héritiers: les étudiants et la culture*. Paris, Minuit, 1964.

Cardoso, Ruth & Durham, Eunice. A investigação antropológica em áreas urbanas. *Revista de Cultura Vozes* (2), 1973.

Castro, Eduardo Viveiros de. *As palavras e as coisas*. Programa de Pós-Graduação em Antropologia Social, Museu Nacional/UFRJ, 1973.

Cohen, Albert. *Delinquent boys*. New York, The Free Press, 1955.

Cohn, Norman. The pursuit of the millennium. London, Paladin, 1970.

De Kadt, Emmanuel. *Catholic radicals in Brazil*. Oxford University Press, 1970.

Dumont, Louis. *Homo hierarchicus*. Paris, Gallimard, 1966.

Evans-Pritchard, E. E. *The Nuer*. Oxford, Clarendon, 1968.

Geertz, Clifford. *The interpretation of cultures*. New York, Basic Books, 1973.

Giddens, Anthony. *Capitalism and modern social theory*. Cambridge, Cambridge University Press, 1974.

——. *A estrutura de classes nas sociedades avançadas*. Rio de Janeiro, Zahar, 1975.

Goffman, Erving. *Estigma: notas sobre a manipulação da identidade deteriorada*. Rio de Janeiro, Zahar, 1975.

Gramsci, A. *Os intelectuais e a organização da cultura*. Rio de Janeiro, Civilização Brasileira, 1968.

Guimarães, Carmen Dora. *O homossexual visto por entendidos*. Programa de Pós-Graduação em Antropologia Social, Museu Nacional/UFRJ, 1977. (Dissertação de Mestrado.)

Humphreys, L. *Tea room trade*. Chicago, Aldine, 1970.

Jaide, Walter. As ambigüidades do conceito de geração. In: *Sociologia da juventude*. Rio de Janeiro, Zahar, 1968. v. 2.

Leary, Timothy. *High priest*. New York, World, 1968a.

——. *The politics of ecstasy*. New York, Putnam, 1968b.

Lévi-Strauss, Claude. *Anthropologie structurale*. Paris, Plon, 1958.

——. *Le cru et le cuit*. Paris, Plon, 1964.

——. *O pensamento selvagem*. São Paulo, Nacional, 1970.

Machado da Silva, L. A. O significado do botequim. *América Latina*, Rio de Janeiro, *12*(3), jul./set. 1969.

Maggie, Yvonne. *Guerra de orixá: um estudo de ritual e conflito*. Rio de Janeiro, Zahar, 1975.

Matta, Roberto da. *Ensaios de antropologia estrutural*. Petrópolis, Vozes, 1973.

——. Constraint and licence: a preliminary study of "two Brazilian national rituals". *Symposium*. Wenner-Gren Foundation for Anthropological Research (64), 1974.

Mauss, Marcel. *Essais de sociologie*. Paris, Minuit, 1966 e 1969.

Mead, Margaret. *Sex and temperament in three primitive societies*. New York, William Morrow, 1935. [Tradução brasileira: *Sexo e temperamento*. São Paulo, Perspectiva, 1969.]

Mitchell, Clyde J. *Social networks in urban situations*. Manchester, Manchester University Press, 1969.

Narrol, R. Ethnic unit classification. *Current Anthropology*, 5(4), 1964.

Queirós, Maria Isaura Pereira. *Messianismo no Brasil e no mundo*. São Paulo, Edusp, 1965.

Queirós, Maurício Vinhas. *Messianismo e conflito social*. Rio de Janeiro, Civilização Brasileira, 1966.

Ray, Oakley S. *Drugs, society and human behavior*. Saint Louis, Mosley, 1972.

Trasher, Frederic. *The gang*. Chicago, Chicago University Press, 1936.

Turner, Victor. *O processo ritual*. Petrópolis, Vozes, 1974.

Van Gennep, Arnold. *The rites of passage*. London, Routledge & Kegan Paul, 1960.

Velho, Gilberto. Estigma e comportamento desviante em Copacabana. *América Latina*. Rio de Janeiro, *14*(1/2), jan./jun. 1971.

——. *A utopia urbana: um estudo de antropologia social*. Rio de Janeiro, Zahar, 1973.

——. (org.) *Desvio e divergência: uma crítica da patologia social*. Rio de Janeiro, Zahar, 1974a.

——. Projeto familiar e comportamento desviante. In: *III Congresso Brasileiro de Psiquiatria*. Programa de Pós-Graduação em Antropologia Social, Museu Nacional/UFRJ, 1974b. (*Cadernos*, 2.)

——. Acusações: projeto familiar e comportamento desviante. Programa de Pós-Graduação em Antropologia Social, Museu Nacional/UFRJ, set. 1974c. (Comunicação, 2.)

—— & Machado da Silva, L. A. Organização social do meio urbano. In: *Simpósio de Estudos Urbanos*. PUC-Ford, 1974.

Watts, Alan. *The way of Zen*. New York, Pantheon, 1957.

——. *Psychoterapy East and West*. New York, Pantheon, 1961.

——. *The Book: on the taboo against knowing who are*. New York, Collier Books, 1967.

Weber, Max. *Economía y sociedad.* Fondo de Cultura Económica, 1964.

Yinger, J. Milton. Contraculture and subculture. *American Sociological Review*, *25*(5):625-35, Oct. 1960.

Young, Jock. *The drugtakers: the social meaning of drug use*. London, Paladin, 1971.

Este livro foi impresso em 1998
nas Oficinas da EDITORA GRÁFICA SERRANA LTDA.
Rua General Rondon, 1500 - Petrópolis - RJ - Tel.: (024) 237-0055